CU**M**BRE

GUÍA DIDÁCTICA
NIVEL MEDIO

Aquilino Sánchez
Mª Teresa Espinet
Pascual Cantos

SGEL

SOCIEDAD GENERAL ESPAÑOLA DE LIBRERÍA, S.A.

Primera edición: 1995
Segunda edición: 1997
Produce: SGEL-Educación
Avda. Valdelaparra, 29 - 28108 Alcobendas - MADRID.

Coordinación editorial: Julia Roncero.
© Aquilino Sánchez, Pascual Cantos, Mª Teresa Espinet, 1995.
© Sociedad General Española de Librería, S.A. 1995.
  Avda. Valdelaparra, 29 - 28108 Alcobendas - MADRID.

Cubierta y Diseño: Erika Hernández.
Maquetación: Erika Hernández.

I.S.B.N.: 84-7143-542-X
Depósito Legal: M.9.319-1997.
Printed in Spain - Impreso en España.

Compone: Erika Hernández.
Imprime: Gráficas Peñalara, S.A.
Encuaderna: F. Méndez, S.L.

PÁGINAS INTRODUCTORIAS

El nivel 2 de Cumbre se inicia con unas páginas introductorias de carácter cultural. La finalidad es presentar a los estudiantes de español el marco geográfico de los países en que se habla español. Es una manera práctica de familiarizarse con el entorno físico ya desde el principio.

En las **páginas 7, 8 y 9** se presenta un mapa de hispanoamérica, con los nombres de las naciones así como fotografías representativas de algunos aspectos paisajísticos de estos mismos países.

También se ofrece en la **página 9** una encuesta para obtener información sobre las necesidades lingüísticas de los alumnos en relación con el español, lengua que ya dominan a nivel fundamental. Es oportuno que la clase complete esta encuesta, por dos razones:

1. Para dar información al profesor respecto a las razones que impulsan al estudio de esta lengua (la finalidad revela los motivos que mueven al estudio).

2. Para que los alumnos tomen conciencia clara de lo que les empuja hacia el aprendizaje del español.

Será conveniente que el profesor recoja las encuestas completadas por cada alumno, sistematice los resultados y posteriormente los comente en clase. Constituirá un motivo de atracción, interés y motivación.

De acuerdo con las características del entorno en que tiene lugar la docencia, el profesor puede modificar, ampliando o restringiendo, los puntos sobre los que se pregunta en esta encuesta.

Encuesta:

Ficha personal
Nombre: ....
Apellidos: ....
Fecha de nacimiento:..
Nacionalidad:...
Profesión:...
Conocimiento del español: Bueno
                             Regular
Estado civil: ....
Estudios realizados:...

Estudiar español: ¿Para qué y por qué?

A. Quiero aprender español...

1. para hablar con españoles o hispanoamericanos,
2. para viajar a España,
3. para viajar a México,
4. para viajar a Hispanoamérica,
5. para leer literatura en español,
6. para ganar más en mi trabajo,
7. porque tengo que estudiar una lengua extranjera,
8. porque me obligan en el colegio/universidad; etc.,
9. porque quiero escribir en español a un/una amigo/a,
10. porque me gusta el español.

B. Quiero aprender español...

    1. para entenderlo y hablarlo,
    2. para leerlo y escribirlo.

C. Necesito aprender español...

    1. para hablar con hombres de negocios,
    2. para leer y contestar cartas,
    3. para entender mejor la mentalidad hispana,
    4. para hablar con amigos/as,
    5. para estudiar en una universidad hispana.

D. Prefiero aprender español...

    1. escuchando y repitiendo textos y frases,
    2. memorizando palabras,
    3. repasando y estudiando en casa las lecciones vistas en clase,
    4. escuchando las explicaciones del profesor,
    5. practicando y hablando en grupo,
    6. pidiendo ayuda al profesor cuando la necesite,
    7. estudiando la gramática y listas de vocabulario,
    8. hablando con amigos/as.,
    9. escuchando cintas, viendo vídeos y películas en español,
    10. pidiendo al profesor que corrija siempre mis errores,
    11. haciendo muchos ejercicios de repetición y de gramática,
    12. siguiendo el libro de texto,
    13. escribiendo mucho en mi cuaderno,
    14. haciendo actividades entretenidas en clase (juegos, adivinanzas...),
    15. estudiando solo.

En la **página 10** se completa la información gráfica y visual con un mapa de España y algunas fotografías referidas a distintos aspectos de la realidad española: geografía, historia, industria y sociedad.

Estructura general de cada unidad
• •

Cada unidad consta de los siguientes apartados o secciones:

1º. SITÚATE

En este bloque se presenta, preferentemente aunque no de manera exclusiva, material de trabajo (texto o diálogo) y se incluyen mayoritariamente actividades orientadas hacia el desarrollo de la comprensión escrita, comprensión léxica y exposición de funciones lingüísticas más ligadas a los objetivos de la unidad. La gramática objetivo de la unidad e implicada en los textos se enfatizará y expondrá en los cuadros gramaticales.

2º. ¡ADELANTE!

En este bloque se practican, con el fin de consolidarlos, aspectos gramaticales, estructurales y léxicos introducidos en el bloque anterior. Los ejercicios son de características varias, tradicionales o no, pero sencillos de comprensión y predominantemente de carácter lingüístico o gramatical.

3º. EN MARCHA

En este bloque se introduce también algún material nuevo, aunque en menor cuantía. Las actividades se centran primordialmente en el desarrollo de la expresión oral y escrita, así como en la práctica interactiva en español. Se incluirán también tareas de trabajo en grupo o en parejas.

Ortografía y pronunciación

En cada unidad se incluye, como colofón al apartado 3º, un punto específico sobre estos temas, al igual que se hizo en **Cumbre 1**. Constará de explicación y ejercicio de práctica.

EN BUSCA DE LA PALABRA

Esta sección constituye una invitación a la ampliación léxica mediante el uso del diccionario, especialmente el monolingüe. En cada unidad el alumno se enfrenta a una actividad de "búsqueda", con el objetivo fijado en el léxico. Luego suele acompañar una segunda parte en la cual debe aplicarse lo que se ha logrado en la tarea de búsqueda previa. En todo momento subyace la idea de que es útil, además de necesario, que el alumno de español se acostumbre a utilizar el diccionario como herramienta imprescindible y, por tanto, se inicie en su uso ya desde los principios del aprendizaje.

Las actividades suelen centrarse en descubrir o formar nuevas palabras, ampliar el vocabulario en áreas determinadas, analizar e identificar matices, etc.

4º. VARIANTES USUALES DEL LENGUAJE

En cada unidad se selecciona un área, normalmente de carácter funcional y usual, en la que se proponen modalidades del español habitual en España y en Hispanoamérica o algún país hispanoamericano. Las variantes se presentan a menudo en contexto (frases o textos más amplios). Se recomienda la lectura, comparación e incluso reflexión sobre este apartado, en busca de los contrastes, pero no es necesario, en general, activar el uso de los elementos presentados aquí.

TEXTOS

La última página de cada unidad consta de un texto literario (a veces también periodístico) relacionado con el tema o las funciones de esa unidad.

Los textos literarios son siempre modelos en el uso del lenguaje. Con ellos se pretenden dos objetivos:

1. Familiarizar al alumno con muestras selectas del español.

2. Ponerlo en contacto con obras literarias de especial relieve en el contexto hispano. A tal fin se ofrecen, en las distintas unidades, extractos de autores tanto españoles como hispanoamericanos.

Los textos literarios no constituyen un elemento "esencial" para el logro de los objetivos fijados en cada unidad. Por lo tanto, el profesor que lo considere oportuno, según las características del grupo al que imparte clases, puede prescindir de ellos. No obstante, se recomienda la lectura total o parcial de tales textos por las razones antes expuestas. En tal caso, aconsejamos la lectura en clase, de todo o parte del texto, prestando especial atención al léxico y a aquellos puntos gramaticales o estructurales relacionados con los objetivos propios de la unidad. Téngase en cuenta que un texto de esta índole puede contener elementos léxicos y puntos gramaticales no solamente complejos, sino ajenos a los fines de la unidad. Conviene, por tanto, que el profesor sea consciente de esta realidad y utilice este apartado **como complemento**, no como eje principal de cada unidad didáctica.

Además, y al igual que en **Cumbre 1**, en los bloques 1º, 2º y 3º aparecerán los apartados siguientes: **Se dice así** (frases o estructuras funcionalmente útiles), **Gramática** (cuadros en los que se resumen y exponen claramente algunos temas gramaticales) y **Aprende a aprender** (sugerencias para activar la reflexión del alumno sobre temas gramaticales, especialmente en contraste con su propia lengua materna).

ÍNDICE DE CONTENIDOS

UNIDAD ÁREA TEMÁTICA	APRENDERÁS A...	GRAMÁTICA	ORTOGRAFÍA Y PRONUNCIACIÓN	VARIANTES USUALES DEL LENGUAJE	TEXTOS
5 La conservación del planeta Tierra.	Hablar de cantidades. Referirse al futuro, expresar acciones posibles, realizables, deseables, etc. Constatar hechos, hacer afirmaciones, describir el entorno físico.	Formas y usos del presente e imperfecto de subjuntivo. Estructuras para constatar hechos (con indicativo).	Uso enfático del pronombre personal sujeto ante el verbo.	En la comisaría de policía: declaración de pérdida o robo de algo.	*Juegos de la edad tardía* (L. Landero).
6 Situación social de la mujer.	Expresar posesión y pertenencia. Referirse a procesos incoativos, reincidencia, abandono de una acción. Expresar números, cantidades y fracciones.	(Pronombres posesivos) *El mío, la mía, los míos, las mías. Lo mío... Empezar a / Dejar de / Volver a. La mitad, el doble, el triple...* Formación de palabras mediante la terminación **-or/-ora.**	*Gu* + *e/i.* Valores fonéticos de *g* y *j.*	En la Oficina de Empleo. Currículo.	Artículo del periódico *El Tiempo* (Santa Fe de Bogotá, Colombia).
7 Situaciones y relatos.	Comprender el relato, expresar razones y causas. Expresar el carácter reflexivo y de impersonalidad. Usar la voz pasiva.	Algunos conectores del discurso (*porque, pero, ya que, de ahí que, en consecuencia, debido a*). Valores y usos de *se* (impersonal). La voz pasiva.	Diferentes acentos hispanos.	Frases y clichés para calificar a las personas.	*Un mundo sin Colón* (G. Cabrera Infante).
8 Consejos e instrucciones.	Comprender e interpretar instrucciones, consejos, normas relativas a la vida social, manejo de aparatos, etc. Leer e interpretar información pública.	Imperativo. (*Le/Te/Os*) *aconsejo que; debe usted; tiene usted que...* Régimen preposicional de algunos verbos. *Saber* y *conocer.*	Reglas de grafía para *b* y *v.*	Lenguaje de anuncios.	*El Hombre que lo tenía Todo, Todo, Todo* (M. A. Asturias).
R. 2	**Unidad de revisión y autoevaluación**				
9 Sociedad de consumo: los anuncios publicitarios.	Comprender el lenguaje publicitario. Expresar aprecio, calidad, la importancia o valía de algo. Establecer comparaciones. Expresar igualdad, indiferencia, preferencia.	Términos comparativos: *igual, diferente, lo mismo, mejor/peor que*, etc. *Importa/no importa.* Uso del subjuntivo con *Es igual que..., Da igual que..., Es indiferente que...*	El hiato y los diptongos.	De compras: expresiones propias del vendedor y del comprador.	Artículo del periódico *La Nación* (Buenos Aires).

UNIDAD ÁREA TEMÁTICA	APRENDERÁS A...	GRAMÁTICA	ORTOGRAFÍA Y PRONUNCIACIÓN	VARIANTES USUALES DEL LENGUAJE	TEXTOS
10 Usos y costumbres	Expresar concesión, temporalidad. Relacionar hechos en distintos períodos de tiempo.	Usos del subjuntivo en oraciones concesivas y temporales. *Cuando* + indicativo/subjuntivo. Derivación mediante sufijos (*-ito/a, -illo/a, -ería*).	Entonación en oraciones complejas, con pausas intermedias.	Expresiones usuales en México y sus equivalentes en España.	*Arráncame la vida* (Ángeles Mastretta).
11 La realidad tecnológica.	Expresar certeza y seguridad sobre algo. Expresar duda, posibilidad, extrañeza. Expresar opiniones, referencias, noticias, etc., de manera indirecta. Derivación mediante sufijos (**-dor/-dora**). El discurso indirecto.	*Sí, seguro que.../Estoy seguro de que...* *No sé si.../Parece que.../Dudo que...* *¡Qué raro que...!/Me extraña que...* *Dice/Dijo que...*	Separación silábica a fin de línea (I).	Lenguaje administrativo: modelo de instancia.	*Balada a la bicicleta...* (R. Alberti), *Ni pobre ni rico...* (M. Mihura).
12 El medio ambiente.	Expresar hipótesis, posibilidad, probabilidad. Expresar certeza, incertidumbre... respecto al futuro.	Usos del subjuntivo. *Quizás/Tal vez/Ojalá/Si* + verbo. *No sé si/como...* + verbo. Uso del futuro en la expresión de certeza.	Separación silábica a fin de línea (II).	Correspondencia familiar/ entre amigos.	*Canción al niño Jesús* (Gerardo Diego).

R. 3   **Unidad de revisión y autoevaluación**

UNIDAD ÁREA TEMÁTICA	APRENDERÁS A...	GRAMÁTICA	ORTOGRAFÍA Y PRONUNCIACIÓN	VARIANTES USUALES DEL LENGUAJE	TEXTOS
13 Aspectos de la sociedad	Expresar posibilidad y negar la posibilidad de algo. Expresar preferencias. Identificar con **quien, el cual, la cual...** Derivación de adjetivos en **-al**.	*Creo que...* + indicativo. *No creo que...* + subjuntivo. *Es posible/probable que...* + subjuntivo. *No es posible/ probable que...* + subjuntivo. *Quien/quienes, el/la cual, los/las cuales.*	Triptongos: pronunciación y acentuación gráfica.	Frases usuales (saludos, etc.).	*Nuevas memorias de Adriano* (A. Bryce Echenique).
14 El debate público.	Expresar opinión, punto de vista. Expresar conveniencia, adecuación a algo.	*Creo/Considero/Opino que... En mi opinión/Desde mi punto de vista... Es posible/conveniente/adecuado que... Vale la pena que...*	Grafía y pronunciación de **h, k, que, qui.**	Expresiones propias del debate. Expresiones de asentimiento.	*El misterio de la cripta embrujada* (E. Mendoza).
15 El futuro de las naciones hispanoamericanas.	Expresar condicionalidad, concesión; hacer referencia a hechos reales o no experimentados. Establecer relaciones temporales entre secuencias oracionales. Enunciar hechos o acciones posibles. Disculparse, asentir.	Uso del indicativo o subjuntivo (*Si/En caso de que...*). Correlación de tiempos verbales en oraciones complejas (*Si existe... es.../Si existiera... sería...*). *Lo siento mucho; Me sabe mal, pero; Es una pena*, etc. *¡Cómo no!; ¡Faltaba/Faltaría más!; Con mucho gusto; Por supuesto.*	Grafía y pronunciación de **x, ch** y **ll**.	Alimentos y comidas: términos propios de España y de Hispanoamérica.	*Como agua para chocolate* (L. Esquivel).

R. 4   **Unidad de revisión y autoevaluación**

UNIDAD 1 *Somos así*

ÁREA TEMÁTICA:	Currículo personal.
APRENDERÁS A:	Identificar y describir a las personas (aspecto físico, vestido, carácter). Expresar gusto/rechazo, deseos. Describir hechos y características personales.
GRAMÁTICA:	Tiempos de pasado (uso y contrastes). Algunas irregularidades del pretérito indefinido.
ORTOGRAFÍA Y PRONUNCIACIÓN:	Variantes ortográficas de **qué/que, quién/quien, cuál/cual, cómo/como, dónde/donde, cuándo/cuando.**
VARIANTES USUALES DEL LENGUAJE:	Cumplidos sobre aspecto físico y vestido.
TEXTOS:	Fragmentos de *La familia de Pascual Duarte* de C. J. Cela y *Crónica de una muerte anunciada* de G. García Márquez.

Bloque Iº. SITÚATE

1. **Completa las fichas de estas dos personas.**

Se pide a los alumnos que completen estas dos fichas, basándose en las fotos dadas, con el fin de:
- revisar el léxico relativo al cuerpo y vestido (necesario para la identificación o descripción personal)
- introducir la temática sobre la que versará esta sección. Será útil que luego los alumnos lean, comenten y corrijan en grupo o en conjunto las fichas completadas por cada uno de ellos/as. El profesor aprovechará para recordar algunos elementos básicos vistos en **Cumbre 1** o solucionar los problemas léxicos que la clase pueda plantear.

2. **Escucha y completa.**

El ejercicio se completará escuchando la grabación una o dos veces como mínimo, a juicio del profesor. Completar las lagunas es una manera de incentivar la atención auditiva del alumno. El objetivo prioritario es, por tanto, que el alumno escuche con la máxima atención. El texto completo es el siguiente:

a)
Francisca nació hace 18 años, en Almería, al sur de España y junto al mar. Ahora es ya toda una mujer: es alta, morena, de ojos negros, cabello largo y mirada dulce. Viste unos pantalones vaqueros y un jersey. Lleva unos pendientes de plata, un anillo que parece de oro y un par de pulseras. Su cara redonda, su piel morena y su pequeña nariz la hacen aún más guapa. En pocas palabras: Francisca es una chica preciosa.

b)
Fernando ha cumplido ya 19 años. Es camarero y su vida detrás del mostrador le encanta: en su trabajo conoce a todo tipo de personas, guapas y feas, de izquierdas y de derechas. Él es fuerte y bastante alto: mide 1,75 m. Lleva el pelo corto (dice que no le gusta dejarse el pelo largo), es moreno de cara, de ojos verdosos y pequeños, boca grande y cara alargada y delgada. Le gusta vestir de camarero: chaqueta blanca y pantalón negro.

3. **Escucha de nuevo la descripción de Francisca y Fernando y completa la información del recuadro.**

Ahora la audición exige que la clase concentre su atención en las palabras clave para describir a una persona. Todas ellas se han visto ya en **1.** o han sido adquiridas en el nivel I del curso. Es preciso que los datos obtenidos durante la audición se comenten en clase, ampliando, comentando o corrigiendo los errores, si fuera necesario.
En el recuadro de **SE DICE ASÍ** se ponen de relieve estructuras habituales utilizadas en la descripción de personas,

con el verbo *ser, llevar, tener* Basta con que el profesor, de momento, llame la atención sobre estas estructuras. Luego se practicará con ellas en diversos ejercicios.

4. Escucha la descripción de Carmela y señala las frases que oigas.

En este ejercicio de audición se introduce un texto descriptivo llamando expresamente la atención sobre frases específicas relacionadas con la descripción. El objetivo se logra precisamente pidiendo a la clase que anote las frases que oye, entre las siguientes (las frases marcadas con un * figuran exactamente en el texto oído; algunas sólo aparecen en parte):

*- Le encantan los anillos
 - Tiene los ojos azules
*- Quiere estudiar
*- No le importa estudiar mucho
 - Es alta y delgada
*- Le gusta llevar falda
*- Tiene 18 años
 - Ha nacido en León
 - Es alegre y extrovertida

Los resultados se comentarán en grupo o con la participación de toda la clase. Lo importante es dar motivo para que las frases descriptivas sean retenidas por los alumnos.

5. En parejas: Leed y subrayad todas las palabras que describen a Carmela.

El ejercicio admite muchas variantes, ya que no todos subrayarán las mismas palabras. Algunas parejas leerán sus conclusiones a la clase, ocasión que debe aprovechar el profesor para contrastar significados y soluciones. En general, el profesor debe admitir todas aquellas palabras que realmente describan a la protagonista, como, por ejemplo, "18 años, joven, niña grande, estudia (estudiante), le encantan los..., diferente, alegre... etc.

6. ¿Quién es quién?

Tanto en **a) Asigna cada una de las descripciones a la imagen que corresponda,** como en **b) Compara los resultados con los de tu compañero/a,** se insiste en vocabulario y frases descriptivas de las personas. La comparación de lo que cada grupo ha anotado sobre la relación entre frases y dibujos en **a)** debe originar comentarios y discusión para consolidar el léxico descriptivo.

7. En grupos: ¿Cuáles de los siguientes adjetivos pueden aplicarse en la descripción de cada uno/a de los miembros de tu grupo?

Con lo ya aprendido y consolidado y con la ayuda de esta lista de palabras referidas a las partes más importantes de la cara, cabeza y cuello, los alumnos pueden activar el vocabulario descriptivo y de las estructuras en que se fundamenta la descripción, tal cual se sugiere en el ejercicio siguiente.

8. Describe la cara de algunos/as compañeros/as de clase. Usa estos elementos.

Insístase en que cada uno de los alumnos/as diga frases descriptivas valiéndose de las estructuras sugeridas. Puede pedirse primero que escriban unas cinco frases cada uno y luego que las lean a la clase.

Bloque 2º. ¡ADELANTE!

1. En parejas: Haced frases así con las palabras del recuadro.

Utilizando una estructura ya conocida (**me/te... gusta(n)**) se inicia la sección con esta actividad, en la cual se pretende consolidar el aprendizaje de elementos de vocabulario de carácter descriptivo: *"Me gustan las chicas de cabello largo. Me gustan los chicos de frente ancha",* etc.

El trabajo previo en parejas propicia la práctica de la pronunciación. Puede seguir la lectura de algunas frases elaboradas por distintas parejas.

2. Me gusta(n)...

En este ejercicio los objetivos son similares, pero de carácter creativo: cada alumno/a debe escribir cinco frases sobre alguno de los diferentes aspectos sugeridos en **a).** La elaboración de una lista con "los gustos de la clase" constituirá un elemento motivador, a la vez que fomentará la participación de todos los alumnos/as.

3. Relaciona cada pregunta con su respuesta.

El ejercicio exige una correcta comprensión de las distintas frases, que son de carácter funcional, y suponen una revisión de distintos elementos estructurales pertenecientes al español fundamental o básico. El ejercicio puede realizarse con la participación de toda la clase o tras una preparación previa por parejas. La relación entre columnas es:

1-b	2-d	3-a
4-c	5-e	6-g
7-h	8-f	9-k
10-j	11-i	

4. Escucha y lee.

Actividad de exposición auditiva y lectora. La comprensión se fomenta y comprueba en el ejercicio siguiente.

5. a) Lee de nuevo el texto anterior y compara la descripción con este retrato robot. Anota las diferencias.
b) Compara los resultados con tu compañero/a.

La comprensión del texto anterior se debe poner de relieve mediante la comparación con los elementos descriptivos del dibujo. Señalar las diferencias y semejanzas servirá para comprender, consolidar y activar el conocimiento léxico.

6. Observa estos tres modelos y descríbelos según se indica.
1. Observad cómo va vestido cada uno de ellos y anotadlo.
2. Observad los rasgos del cuerpo y de la cara de cada uno y anotadlo también.
3. Anotad la impresión que os causa cada modelo, tanto por razón del vestido como por la cara, expresión, etc.
4. ¿Qué echáis de menos en cada uno de ellos, en el vestir, cuerpo, cara, etc.?
Con estos datos,
- organizad vuestras notas por temas.
- escribid por qué os gusta más una de las modelos.
- escribid por qué os gustan menos las otras dos modelos.

En este ejercicio se activan todos los conocimientos adquiridos para describir a una persona. Lo ideal es que cada alumno/a (o en parejas, si es conveniente) escriba cada uno de los aspectos que se le piden y luego se comuniquen los resultados a la clase, para proceder, finalmente, a un contraste de lo escrito por cada alumno/a o parejas.

Bloque 3º. EN MARCHA

1. Lee esta autobiografía.

El objetivo prioritario es que los alumnos practiquen la lectura. De momento el profesor no debería insistir en la comprensión. Tras la lectura individual, cada alumno leerá un trozo ante la clase. A continuación el profesor explicará brevemente el contraste de los tres tiempos de pasado en español, tal cual se pone de relieve en el cuadro funcional de **Se dice así.**

2. En grupos: Leed de nuevo el texto anterior y responded.
1. ¿Por qué creéis que el autor no menciona el año en que nació?
2. Enumerad las experiencias más importantes que recuerda el autor.
3. Imaginaos cómo era el niño a los diez años y describidlo (*Era, tenía, vestía...*):

- estatura:
- cara:
- pelo:
- cuello:
- ¿gordo, delgado?:
- vestido:

4. Pensad en el pueblo en que vivía y en el paisaje:
   - describidlo y
   - luego dibujadlo.

La actividad hace referencia al texto leído anteriormente, pero con el fin de clarificar el contenido. A tal fin se sugieren una serie de preguntas que exigen una correcta comprensión en la contestación correcta. Las respuestas, que pueden hacerse a la clase o a alumnos/as individualmente, requieren una revisión del texto y la consiguiente clarificación semántica del vocabulario. La pregunta 4. implica una activación parcial del léxico con que se ha trabajado.

3. En parejas: Haced preguntas y responded según el modelo.
Ejercicio para la consolidación de las formas de pretérito indefinido, regulares e irregulares. Puede hacerse individualmente o con la participación de toda la clase.

4. Responde según el modelo.
Ahora se contrasta el uso del pretérito indefinido con el pretérito perfecto. Esta práctica de consolidación ha debido ir precedida de una corta y clara explicación referida a las implicaciones de tal uso de tiempos verbales.

En español hay bastantes formas del indefinido que contienen irregularidades. En la **Gramática** se exponen algunos casos de irregularidad ortográfica, que luego se practican en el ejercicio siguiente.

5. En parejas: Escribid las formas del indefinido y del imperfecto de los siguientes verbos.

	indefinido	imperfecto
llegar	llegué	llegaba
alcanzar	alcancé	alcanzaba
crecer	crecí	crecía
estar	estuve	estaba
buscar	busqué	buscaba
poder	pude	podía
empezar	empecé	empezaba
tener	tuve	tenía
venir	vine	venía
ser	fui	era
jugar	jugué	jugaba

6. En grupos: ¿A qué palabras del texto del ejercicio 1. corresponden estas definiciones?
Ejercicio de aprendizaje de vocabulario. Puede ser útil la utilización de un diccionario monolingüe (se aconsejan el <u>Gran Diccionario de la Lengua Española</u> o el <u>Diccionario Básico de la Lengua Española</u> o el <u>Diccionario de Bolsillo de la Lengua Española,</u> de SGEL, diccionarios de uso orientados hacia los alumnos que aprenden español como lengua extranjera).

1. Elevación grande y natural de la tierra: **montaña.**
2. Hacer subir la temperatura de algo: **calentar.**
3. Irritarse por algo que molesta o perjudica: **enfadarse.**
4. Poner cosas en paquetes: **empaquetar.**
5. Vehículo grande y resistente usado para el transporte de mercancías: **camión.**

7. Ortografía.

En este ejercicio se llama la atención sobre las diferencias entre pares de palabras cuya diferenciación en la lengua escrita se advierte solamente en razón de la presencia o ausencia del acento gráfico:

1. ¿Cuál es su nombre?
2. ¿Quién dijo que era su amiga?
3. Vive en un lugar donde hay muchos árboles.
4. Cuando llega a casa es ya tarde.
5. ¿Cuándo llega a casa?
6. ¿Qué quieres que te diga?
7. Ponlo donde quieras y como quieras.
8. ¿Cómo se dice en español "por qué"?

EN BUSCA DE LA PALABRA

Ejercicio para activar la ampliación de vocabulario referido a la descripción de las personas y para promover el uso del diccionario monolingüe y bilingüe. El profesor no debería dar la solución sin que antes los alumnos hubiesen buscado cada palabra en el diccionario y hayan expuesto las diferencias. Por ejemplo:

personas atractivas: personas que atraen por su personalidad, beldad, cualidades, simpatía, etc.
personas simpáticas: personas que inspiran simpatía en razón de una atracción espontánea debida a sus cualidades (bondad, alegría, etc.).

Obsérvese que las diferencias entre conjuntos de palabras se basan en matices.

Bloque 4º. VARIANTES USUALES DEL LENGUAJE

• •

En esta sección el profesor tiene ocasión de poner de relieve tanto las diferencias como las muchas semejanzas que existen en el uso del español en España e Hispanoamérica. El trabajo con este apartado debe actuar como elemento motivador. Nótese que el objetivo no es sólo el aprendizaje lingüístico sino informarse sobre aspectos del uso social de la lengua.

TEXTOS

Los extractos literarios de Cela y García Márquez se refieren a la descripción de personas, tema sobre el que ha versado la unidad 1. Debe notarse que el léxico utilizado por estos dos autores es más selecto, como suele ocurrir en los textos literarios.

Obsérvese lo dicho en la introducción sobre el uso en clase de este apartado.

UNIDAD 2 *¡Qué pena!*

ÁREA TEMÁTICA:	Ecología (el mar). Encuesta personal.
APRENDERÁS A:	Expresar estados de ánimo, impresiones.
	Referir hechos en estilo indirecto.
	Establecer comparaciones.
	Expresar acciones en proceso de realización.
GRAMÁTICA:	Estructuras de comparación (*más/menos de... que; tan(to) que/como*).
	Formas irregulares de comparación. Formas de superlativo *(-ísimo/a)*.
	Estar + gerundio. *Ir* + gerundio.
	Decir que + verbo.
	¡Qué + (nombre/adjetivo)!
ORTOGRAFÍA Y PRONUNCIACIÓN:	Variantes en la pronunciación de **z, ce, ci.**
VARIANTES USUALES DEL LENGUAJE:	Frases de cortesía en relaciones interpersonales.
TEXTOS:	Fragmento de *El Mediterráneo y los bárbaros del Norte*, de Luis Racionero.

Bloque 1º. SITÚATE

1. En parejas:
   a) Traducid estas expresiones a vuestro idioma.
   b) Explicad cuándo utilizaríais cada una de esas expresiones en vuestra lengua.

Tanto el dibujo como las expresiones que los alumnos deben traducir a su lengua materna tienen como objetivo contextualizar tanto las funciones lingüísticas como la temática de la unidad: la importancia de la ecología y el cuidado de la naturaleza. Hágase observar a los alumnos el uso de *Qué* en tales expresiones de estados de ánimo.

2. Escucha y anota cuántas expresiones como las anteriores identificas en el siguiente texto.

Las expresiones anteriores deben ser captadas por los alumnos mediante la audición del texto del ejercicio 3. Es una manera de llamar la atención sobre ellas y consolidar su aprendizaje. Al mismo tiempo el oído del alumno/a se expone al contexto del conjunto que se escucha.

3. Escucha y lee.

Ejercicio de exposición a la lengua oral y lectura. La audición se repetirá dos veces.. Luego se pasará al ejercicio siguiente.

4. En grupos:
   a) Elegid uno de los siguientes títulos para el texto anterior.
   b) Leed vuestro título a la clase y explicad por qué lo habéis elegido.

La elección de uno de los títulos sugeridos es el procedimiento de que se debe valer el profesor para activar y comprobar la correcta comprensión del texto en su conjunto. La elección de un título determinado y la explicación del porqué exigirán la revisión del texto en sus aspectos léxicos e incluso gramaticales. Es la estrategia de que se valdrá el profesor para promover la comprensión y aportar las explicaciones necesarias.

En el cuadro de **Gramática** se resumen las formas de comparación habituales en español, debidamente contextualizadas, tal cual se dan en el texto leído y escuchado anteriormente. Puesto que la comparación ya se vio en **Cumbre 1**, ahora se tratará más bien de un "recordatorio".

5. En parejas: Expresad vuestras preferencias según los modelos.

Mediante este ejercicio se practicará la expresión de comparación. El profesor debe estar atento para que los alumnos usen estructuras comparativas variadas del recuadro gramatical anterior.

6. Completa con *más, menos, tan(to) ... que/como.*

En este ejercicio se consolida el uso de las estructuras comparativas mediante la reconstrucción de frases con elementos de comparación.

Bloque 2º. ¡ADELANTE!

. . . .

1. Reacciona ante cada frase con alguna de las expresiones del recuadro.

Práctica de uso y consolidación de las expresiones que denotan estados de ánimo, ya vistas en la sección I. Respuestas posibles, aunque en algunos casos caben otras expresiones, además de las anotadas:

1. Los bosques se queman: *Es una pena. ¡Qué pena! ¡Qué barbaridad!*
2. No se puede respirar en esta ciudad: hay demasiados coches: *¡Qué pena!*
3. Las calles están llenas de basura: *¡Qué porquería!*
4. Los gobiernos no prohíben tirar basuras a los ríos: *Es una pena.*
5. Esta fábrica arroja sus aguas contaminadas al mar: *¡Cómo es posible! ¡Qué barbaridad!*
6. Ya no hay peces en las costas del Mediterráneo: *¡Qué lástima! Es una pena.*
7. El Mar Mediterráneo se muere: *¡Qué pena/lástima!*

2. Transforma según el modelo.

Práctica de una estructura comparativa con **más de.**
Puede hacerse individualmente o en grupo.

En la **Gramática** se recuerdan algunas formas comparativas irregulares y la formación del superlativo con el sufijo "-ísimo/a". Obsérvese que en algunos casos la adición del sufijo de superlativo implica cambios ortográficos: "simpati**qu**ísimo/a", etc.

3. Escribe las formas de superlativo de:

sucio: sucísimo   especial: especialísimo.
limpia: limpísima   lento: lentísimo
pequeño: pequeñísimo   grande: grandísimo
famoso: famosísimo   conocido: conocidísimo
interesante: interesantísimo   buena: buenísima
malo: malísimo   rico: riquísimo

4. Transforma en frases con superlativos.

Práctica con las formas de superlativo dentro del contexto de la frase. Obsérvese el superlativo.

En el recuadro de **Se dice así** se exponen y explican las estructuras y formas verbales utilizadas en español para expresar la continuidad en el desarrollo de una acción ya iniciada. Explíquese brevemente el tema, con los ejemplos extraídos del texto sobre el Mediterráneo. Luego se practicará el tema en el ejercicio siguiente.

5. Completa con los verbos en la forma adecuada.

1. Lo siento, mi hermana no puede ponerse al teléfono; está **duchándose.**
2. Carmen no está en casa; **se está bañando** en la piscina.
3. Los primeros lunes de cada mes a las cinco de la tarde **está** siempre **cortándose** el pelo.
4. En este momento mi hermana **está escribiendo** una carta.
5. ¡Atención, atención! El Real Madrid **está ganando** por dos goles a uno.
6. La película ya ha finalizado y la gente **está saliendo.**
7. Su madre dice que Juanito **está jugando** con los amigos.

6. En parejas: Leed el texto y completadlo con los elementos del recuadro.

Debe completarse el texto con los elementos del recuadro: se llama la atención sobre las formas que expresan continuidad en el desarrollo de una acción. Este es el objetivo fundamental del ejercicio. No obstante, el profesor podrá asegurarse de que los alumnos comprenden el conjunto adecuadamente, explicando lo que considere necesario, especialmente en el aspecto léxico.

Peligro en las playas

Las playas del norte de España y de Francia no son seguras en estos momentos. El gobierno está empezando a preocuparse: miles de detonadores van apareciendo por las playas y no parece que el peligro vaya a desaparecer en pocos días. Los fuertes vientos están arrastrando hacia la orilla multitud de artefactos explosivos y las autoridades están cortando el acceso a playas y acantilados para evitar posibles accidentes. En las costas francesas ya se están recogiendo muchos restos de toda clase, entre ellos más de 5.000 detonadores.

En el norte de España el gobierno está empezando también a preocuparse y ya se han cerrado al público las playas de algunas ciudades, como San Sebastián.

7. Responde a estas preguntas.

En este ejercicio se practicará, de manera creativa y libre, el uso de las estructuras para expresar continuidad en el desarrollo de una acción (verbo+gerundio). Se utiliza el anterior como contexto. De esta manera se promueve la comprensión y uso activo del léxico visto.

Ejemplo: - 1. *¿Qué está ocurriendo en las playas del Atlántico?*
- Las playas del Atlántico se están volviendo peligrosas.
etc.

Bloque 3º. EN MARCHA

• •

Se inicia este bloque con el recuadro de **Se dice así**, en el cual se ilustra una estructura para referir hechos en *estilo indirecto*, usando el indicativo o el subjuntivo. El objetivo es llamar la atención sobre este tipo de estructura en el texto-encuesta que sigue a continuación. La explicación por parte del profesor debe ser breve y orientada hacia la comprensión del texto en la actividad 1.

1. En grupos: Encuesta: ¿cómo reaccionarías en cada situación?
a) Escuchad:
b) Responded individualmente a cada pregunta.
c) Calculad el total de puntos, según vuestras respuestas.
d) Explicad los resultados al grupo, según la siguiente tabla.

Primero toda la clase escucha el texto de las 5 cuestiones y las posibles reacciones. Luego cada alumno deberá responder, **individualmente**, a cada una de las situaciones, de acuerdo con las opciones que se ofrecen. En este proceso pueden surgir problemas de comprensión que el profesor deberá explicar, a petición de los alumnos. También puede procederse a una lectura y comprensión con la participación de toda la clase y pedir que los alumnos anoten su respuesta personal en cada caso.

Hecho esto, los alumnos deberán calcular el total de puntos que sus respuestas suman. Finalmente, y siguiendo la tabla de valores, algunos alumnos comentarán sus resultados a la clase.

Obsérvese, por tanto, que la comprensión inicial debe acabar en la práctica y activación de lo aprendido, valiéndose los alumnos de manera especial de las estructuras de "estilo indirecto".

2. Haz una lista de todos los verbos que aparecen en el texto de la encuesta anterior. Luego escribe las formas del pretérito indefinido de cada uno de ellos, clasificándolas en *formas regulares* y *formas irregulares*. Consulta una gramática o pregunta al profesor si es necesario.

Este ejercicio pretende que los alumnos recuerden las formas irregulares del indefinido, vistas en la unidad 1, aunque para ello se llame la atención sobre todas las formas verbales del texto anterior.

3. ¿Qué piensas de estas personas y actitudes? Reacciona con frases así.

Ejercicio de práctica con las expresiones referidas a estados de ánimo, sobre la base de los dibujos. Cabe esperar respuestas variadas ante el mismo dibujo, según las expresiones vistas en la sección I.

4. En parejas: Pensad en una frase para cada una de estas expresiones.

Esta actividad servirá para consolidar la correcta comprensión de expresiones que traducen estados de ánimo. Para ello se pide a los alumnos que creen, mediante una frase, una situación adecuada a la expresión señalada.

5. Sigue el modelo y da algunos consejos para....

Práctica para consolidar el uso de *Lo que* iniciando una oración.

6. Responde a las siguientes frases o reacciona con una expresión.

El ejercicio favorece la respuesta libre y creativa ante las frases sugeridas. El profesor debe esperar respuestas variadas. Ejemplo:

1. ¿Estás cansado/a de ser tan bueno con los amigos/as?:
    - *Sí, estoy ya cansado de ser tan bueno.*
    - *No, nunca estoy cansado de ser bueno.*
    - *No, cansado no / Cansado nunca...*

7. Pronunciación.

Ejercicio de discriminación auditiva entre los sonidos [θ] y [s]. El profesor aprovechará la ocasión para explicar que el valor [θ] es habitual en el español normativo de España, mientras que la pronunciación de *ce, ci, z* como [s] es propia de varias regiones del sur de España, Canarias y países hispanoamericanos.

Escucha y anota si lo que oyes en cada línea corresponde o no al "español normativo"

(las grafías *c, z* se pronuncian con [θ] o [s], según se señala en cada línea)

(con [θ])	nació, dulce, parece, hacer, Francisca, conoce.	......
(con [s])	a veces, empezar, circuito, azul, rizado, cercano.	......
(con [s])	cinco, diciembre, hacía, habitación, eficaz, crecí.	......
(con [θ])	Entonces vivía cerca de esta habitación.	......
(con [θ])	En el mes de marzo nos fuimos de la ciudad.	......
(con [s])	Eran felices haciendo dibujos con sus lápices.	......
(con [θ])	No conocía bien a sus vecinos del décimo piso.	......
(con [s])	Crecieron en el mismo pueblo en que nacieron.	......

EN BUSCA DE LA PALABRA

Ampliación léxica de expresiones referidas a estados de ánimo. Respuestas razonables (algunas frases pueden admitir más de una expresión):

1. ¡Qué barbaridad!	El río estaba lleno de peces muertos.
2. ¡Cielo santo!	Las selvas pronto desaparecerán de la tierra.
3. ¡Dios mío!	Han muerto 50 personas en un accidente de aviación.
4. ¡Qué lástima/pena!	Era muy feliz, pero tuvo un accidente y está en el hospital.
5. ¡Menos mal!	No había llovido durante diez meses y hoy ha llovido durante todo el día.
6. ¡Qué tontería/estupidez!	Los extraterrestres han aterrizado en el bosque, en una nave espacial.
7. ¡No me digas!	Dicen que eres la más lista y la más guapa de la clase.
8. ¿Es posible? ¡No es posible!	Mi amiga me ha dicho que te ha tocado la lotería.
9. ¡Qué horror!	En el mundo se mueren 2.000 niños cada día.
10. ¡Qué espanto!	En esta guerra civil han muerto ya 250.000 personas.

Bloque 4º. VARIANTES USUALES DEL LENGUAJE

Para ser cortés y amable

Obsérvense los contrastes en expresiones de cortesía entre lo que es habitual decir en España y en México.

TEXTOS

El texto se refiere al Mediterráneo y la cultura o culturas que en su entorno se han desarrollado, tema inicial de la unidad 2.

Ténganse en cuenta las recomendaciones de la introducción sobre el uso de este apartado.

UNIDAD 3 *Hay que comer menos*

ÁREA TEMÁTICA:	La salud y la vivienda.
APRENDERÁS A:	Expresar acciones habituales, costumbres.
	Expresar obligatoriedad (externa e interna) y deber moral.
	Expresar acciones transitorias y permanentes (con *estar* y *ser*).
	Expresar modalidad adverbial.
GRAMÁTICA:	*Soler / Acostumbrar a / Tener por costumbre...*
	Tener que / Deber / Hay que + verbo.
	Usos básicos de *ser* y *estar*.
	Adverbios en ***-mente.***
ORTOGRAFÍA Y PRONUNCIACIÓN:	Acento tónico en la palabra.
VARIANTES USUALES DEL LENGUAJE:	Expresiones usuales en la consulta médica.
TEXTOS:	Fragmento de *Un viejo que leía novelas de amor,* de Luis Sepúlveda.

BLOQUE 1º. SITÚATE

1. En parejas:
a) Escribid cinco cosas que soléis hacer cada día.

El objetivo de esta actividad es contextualizar el trabajo dentro del tema de la unidad, relacionado con la expresión de acciones habituales, para cuya finalidad se emplean con frecuencia los verbos *soler* y *acostumbrar a.* Mediante la audición del texto siguiente se llama la atención sobre todos aquellos elementos, estructurales o léxicos, utilizados para expresar una acción habitual.

2. Escucha de nuevo la conversación y anota las veces que aparece cada una de las expresiones del recuadro.

La audición, con la atención puesta en las expresiones del recuadro, servirá para reforzar el aprendizaje de las estructuras señaladas, siempre dentro de la función de expresar acciones habituales. La audición puede repetirse dos veces.

3. En grupo: Leed el texto anterior y aplicadlo a vuestro país o región.

Ahora se pretender alcanzar una comprensión más pormenorizada del texto anterior, mediante la lectura y respondiendo a las preguntas de
a) ¿Cuántos "pecados contra la salud" se cometen? Anotadlos, y
b) Tratad de descubrirlos y razonar el porqué.

4. ¿Qué "pecados" piensas que comete cada uno de estos personajes?

Con la ayuda de los dibujos se pretende activar el uso de formas y estructuras que expresen acciones habituales. Ejemplo:

Dibujo 1: *Este hombre come mucho / suele comer mucho / acostumbra a comer mucho.*

En el cuadro gramatical siguiente se recuerdan una vez más las estructuras para expresar obligación o lo que alguien debe hacer para no ser perezoso, etc.

5. Explica lo que debe hacer cada uno de los personajes del ejercicio anterior para no tener problemas de salud (usa elementos del recuadro de gramática).

En este ejercicio los alumnos deben usar las estructuras del recuadro gramatical con carácter creativo y haciendo referencia al tema anterior:

1. Este señor no debe comer tanto/ tiene que hacer ejercicio, etc.

6. Encuentra en el texto del ejercicio 2 las palabras que corresponden a estas definiciones:
Actividad de ampliación léxica, identificando palabras dentro de un contexto:

1. Preocuparse alguien por su salud: **cuidarse.**
2. Que tiene pocas ganas de hacer un esfuerzo: **perezosa.**
3. Falta voluntaria contra una norma: **pecado.**
4. Masa pequeña de harina, huevos, etc., cocida al horno: **pastelito.**
5. Tomar la primera comida del día, después de levantarse: **desayunar.**
6. Disminuir la longitud o cantidad de algo: **acortar.**
7. Estado de la persona que no está enferma: **salud.**
8. Incrementar o hacer más grande algo en tamaño, cantidad o intensidad: **aumentar.**
9. Declarar alguien a un sacerdote sus propios pecados: **confesarse.**
10. Dar en el sitio previsto o solucionar algo: **acertar.**

7. En parejas:
   a) Haced una lista de lo que *no hay que hacer* para conservar la salud.
   b) Leed vuestra lista a la clase.
   c) Elaborad una lista de recomendaciones con las sugerencias de toda la clase.

En esta actividad, el trabajo en parejas debe finalizar con la exposición de lo escrito por cada grupo a toda la clase. Se habrán consolidado las estructuras para expresar obligatoriedad.

Bloque 2º. ¡ADELANTE!
• •

Tanto en el cuadro de **Se dice así** como en el de **Aprende a aprender** se hace referencia al uso de *ser* y *estar* para referirnos a acciones transitorias o permanentes. El profesor aprovechará la ocasión para explicar brevemente el uso y significado de ambos verbos, tan problemáticos en español.

1. En parejas: Haced frases con *ser* o *estar* usando los siguientes adjetivos:
El ejercicio ofrece una serie de adjetivos; algunos admiten ambos verbos, otros no, dependiendo ello de si el significado puede referirse o no a la expresión de acciones permanentes y transitorias. Así, admiten *ser* o *estar*: dulces, riquísimo, malo, grande, desesperado, adecuado, oscuro, nervioso, difícil, pesado y aburrido.

Suelen construirse sólo con *estar* insatisfecha, inclinado, cercano, caliente.
Suelen construirse sólo con *ser* diferente.
En **Aprende a aprender** se pide que los alumnos traten de explicar ahora por sí mismos el significado implicado por el uso de ambos verbos en los ejemplos anteriores.

2. Completa con *ser* o *estar:*
Usos de *ser* o *estar* en contexto:

TEXTO INTEGRO:
Es la última noche del año. Todos están contentos, se organizan fiestas en muchos lugares y muchas familias están reunidas y celebran haber llegado al final de año. Es un año más.

   - La vida sigue igual, pero las cosas están cada día más caras.
   - Sí, claro. No hay nada barato. Pero así es la vida. Todos nos quejamos, todos están insatisfechos de la vida, pero todos están alegres de seguir vivos.

En aquella casa no había luz. Yo estaba tranquilo, pero nervioso. No veía nada. Era la primera vez que me encontraba solo y a oscuras. Era verano; hacía calor; tenía dinero en mi bolsillo. Yo, sin embargo, no sabía por qué estaba en aquella casa a las 12 de la noche.

3. Ten en cuenta los usos del recuadro anterior y completa con *ser* o *estar*:

En el recuadro se contrasta con mayor precisión el carácter permanente implicado por *ser* y el carácter temporal implicado por *estar*. Luego se practica con los ejemplos del ejercicio:

1. Marta **es** una mujer violenta.
2. Llevaron a la niña al hospital porque **estaba** mala.
3. La muchacha **está** roja de vergüenza.
4. **Es** un muchacho muy despierto.
5. Yo ya **estoy** despierto desde hace una hora. Suelo levantarme temprano.
6. Mis amigas **están** muy interesadas en la moda.
7. Acostumbra a **ser** una persona atenta y amable.
8. Estos alumnos siempre **están** atentos en clase. Son buenos estudiantes.
9. Pilar y Félix **están** casados desde 1985.
10. **Es** una pareja casada y feliz.

En los dos ejercicios siguientes:

4. Responde con *hay que* o *deber*.

5. En parejas: Anotad lo que *tenemos que hacer* o *hay que hacer* para,

se proponen modelos para consolidar la adquisición de las estructuras que expresan obligación con *tener que, deber, hay que*. En el número **5.**, el trabajo en parejas exige una mayor autonomía y creatividad y es aconsejable que lo preparado por cada grupo de dos sea expuesto luego a toda la clase.

6. Lee y subraya en este texto todas las expresiones que impliquen obligatoriedad.

Actividad para identificar la expresión de obligatoriedad en un contexto amplio. El trabajo individual o en grupo será expuesto, comentado y revisado con la participación de toda la clase. Las estructuras claras de *obligación* son las subrayadas a continuación:

Tema: solicitud de becas de estudios.

Para solicitar una beca <u>es necesario</u> rellenar un impreso. Los impresos <u>deben pedirse</u> en la oficina de información de la universidad o centro en el que se desea estudiar. En general, las solicitudes <u>han de ser entregadas</u> dos meses antes de empezar el curso. La universidad o centro <u>deberá responder</u> al solicitante sobre la concesión o denegación de su beca con un mes de antelación.

No todos los solicitantes tienen derecho a beca. Para obtener una ayuda al estudio <u>es preciso</u> cumplir algunas condiciones:
- no tener ingresos por un trabajo de jornada completa.
- que los padres no ganen más de 3 millones de pesetas al año.
- haber aprobado todas las asignaturas del curso anterior.

Si estas condiciones no se cumplen, es mejor no solicitar beca. Lo más probable es que en tal caso no se conceda.

Bloque 3º. EN MARCHA

1. En grupo: Anotad algunas características de las casas y viviendas en vuestro país o región.

La actividad prepara para la comprensión del texto siguiente. La anotación de las características propias de las viviendas en el país de los alumnos se tomará como punto de referencia para contrastar lo expresado en el siguiente texto, del ejercicio 2.

2. Leed este texto y comparad lo que se dice en él con lo que habéis escrito en el ejercicio 1.

Una vez leído el texto, los alumnos, preferiblemente en grupos primero y con la participación luego de toda la clase, contrastarán lo expresado aquí con lo anotado por ellos. Puede ayudar que el profesor escriba algunas características de las casas/viviendas locales en la pizarra. La lectura y comentario exigirá comprender el texto en detalle, poniéndose el énfasis en todos lo elementos que definen la casa (muchos de ellos ya vistos en **Cumbre 1**).

3. Resume en pocas líneas el texto anterior, según este esquema.

Finalizada la actividad anterior, no debería haber problema para elegir un título adecuado y resumir las ideas principales contenidas en la lectura. La elección de título puede ir precedida por unos minutos de reflexión en grupos o en parejas.

4. En parejas: ¿Cómo se dice en vuestro idioma?

Primero los alumnos anotarán el significado de todos los términos que ya conozcan. Luego el profesor preguntará a toda la clase y se contrastarán las distintas soluciones. Las palabras que nadie sepa se buscarán en un diccionario monolingüe o bilingüe. Uno de los objetivos es propiciar el uso "razonable" del diccionario.

5. Observa en el texto del ejercicio 2 la formación de adverbios añadiendo *-mente*.

El conocimiento del léxico constituye una de las partes esenciales del aprendizaje de una lengua extranjera para poder utilizarla como instrumento de comunicación. A tal aprendizaje contribuye de manera notoria el conocimiento de los procedimientos que intervienen en la formación de palabras. Aquí se expone cómo se forman los adverbios de modo en *-mente* y qué significado añade este sufijo.

6. En grupos: Revisad los textos de esta unidad, consultad el diccionario o preguntad al profesor y explicad el significado de las siguientes palabras o expresiones:

Actividad léxica que se centra en expresiones más usuales debidamente contextualizadas en los extractos textuales aparecidos a lo largo de esta Unidad. El profesor puede asignar cada uno de los textos a un grupo de alumnos y éstos expondrán a la clase los resultados posteriormente.

7. Pronunciación y acento.

Acento en la palabra: Escucha y coloca cada palabra en la columna que corresponda, según la sílaba que reciba el acento principal:

agudas	llanas	esdrújulas
_ _ _ _ ´	_ _ _ ´ _	_ _ ´ _ _
razón	tenemos	número
beber	pecado	física
también	gorda	arquitectónico
unidad	contrario	incómodo
país	vivienda	cómpralo
leyó	pantalones	océano
	montañosas	bárbaro
		desértico

Palabras leídas:

tenemos, razón, pecado, beber, número, también, física, unidad, gorda, arquitectónico, país, incómodo, contrario, vivienda, leyó, cómpralo, océano, bárbaro, pantalones, desértico, montañosas.

EN BUSCA DE LA PALABRA

a) Consulta el diccionario y completa estas frases con un adjetivo del recuadro.

Mi hermana siempre está mirándose al espejo. Es una *presumida*.
Tenía el pelo rizado, no *liso*.
Este niño nunca está quieto: ayer rompió un cristal de la ventana del vecino. Es muy *travieso*.
La botella no tenía nada; estaba *vacía*.

Comer poco y variado es muy *provechoso* y útil para el cuerpo.
Las fábricas actuales ya están automatizadas y no se basan en el trabajo *duro*.
Fue muy *desagradable* decirle la verdad: su madre había muerto.

b) **Con la ayuda del diccionario, busca las palabras acabadas en *-ante,* derivadas de:**
Úsese el diccionario monolingüe si es preciso. Se trata de un ejercicio de ampliación léxica mediante sufijos.

Ejemplo: *abundante, cambiante, colgante, principiante, sobrante, viajante.....*

Bloque 4º. VARIANTES USUALES DEL LENGUAJE

En la consulta médica.
Las variantes de los registros utilizados en España y en Hispanoamérica no suelen ofrecer problemas de comprensión.

TEXTOS
Este extracto literario, de Luis Sepúlveda, es un modelo más complejo pero bastante realista de lo que puede decirse a la hora de ir a la consulta de un dentista en lugares alejados o semi-abandonados.

UNIDAD 4 *Opino que...*

ÁREA TEMÁTICA:	La gran ciudad.
APRENDERÁS A:	Describir y especificar aspectos de la realidad mediante recursos especiales. Expresar opinión o puntos de vista.
GRAMÁTICA:	Usos de las formas de relativo: **que, cuyo/a, cuyos/as.** ***Que*** precedida de preposición (**en/a... que**); **el/la/los/las que; el/la/los/las cual(es); lo que...** *Creo / Opino que... En mi opinión.*
ORTOGRAFÍA Y PRONUNCIACIÓN:	Reglas para poner acento gráfico en las palabras.
VARIANTES USUALES DEL LENGUAJE:	Algunas variantes en el habla de México.
TEXTOS:	Fragmento de *La casa de los espíritus,* de Isabel Allende.

Bloque 1º. SITÚATE

1. **En grupo: Mirad el mapa de México y señalad en él las cinco ciudades más grandes y pobladas del país.**
    Actividad de contextualización temática en torno a la realidad de México, el país de habla española con mayor número de habitantes.

2. **Escucha y completa los datos del recuadro.**
    Se persigue mediante esta audición mantener la atención del alumno pidiéndole que identifique algunos datos mencionados en el texto. Téngase en cuenta que el objetivo más importante es que el alumno "escuche con atención". Los datos solicitados se pueden corregir luego con la participación de toda la clase y escuchando por segunda o tercera vez el texto.

3. **En grupos:**
    a) Buscad información (población, zonas verdes, industria...) sobre la ciudad o región en que vivís y comparad estos datos con los de la ciudad de México, Distrito Federal.
    b) ¿Os gustaría vivir en una ciudad como México? Dad cinco razones en favor o en contra.
    La comparación de la realidad en que viven los alumnos se utiliza como mecanismo para volver a leer el texto sobre la ciudad de México y reforzar la comprensión del léxico implicado.

4. **Explicad en vuestro idioma el significado de las palabras subrayadas.**
    En este ejercicio de explicación de vocabulario contextualizado el profesor puede sugerir que los alumnos consulten el diccionario, si es necesario. La explicación se hará con la participación de toda la clase.

5. **Elige uno de estos títulos para el texto anterior. Luego explica por qué lo has elegido.**
    La adecuada comprensión, global y detallada, del texto anterior se deberá poner de manifiesto en la elección del título que se considere más adecuado. Cualquiera de los títulos propuestos puede ser defendido como válido. Lo importante será, por tanto, que el sugerido en cada caso por los alumnos sea acompañado de una explicación adecuada, extraída o basada en la lectura del ejercicio 2.

6. **En parejas:**
    a) Revisad el texto anterior y subrayad todas las frases en que aparece la forma *que*.
    b) Traducid a vuestro idioma esas frases subrayando también las palabras equivalentes al *que* español.
    Esta sección se finaliza con una llamada de atención sobre el uso de la partícula de relativo *que*. Primero se

extraen ejemplos y se exponen en el recuadro de **Se dice así**. Luego se invita a la clase a que localice más ejemplos en el texto sobre la ciudad de México. La traducción al idioma materno servirá para contrastar el uso del relativo en español y en la lengua propia de los alumnos.

Bloque 2º. ¡ADELANTE!

Esta sección comienza con información más detallada sobre la última actividad del bloque **1º:** las formas y usos del relativo. Este problema gramatical se practica, con el fin de reforzar y consolidar el aprendizaje, en varios ejercicios siguientes.

1. Sustituye los espacios punteados por *que* o *cuyo/a/os/as.*

1. La calle **que** conoces es la más larga de la ciudad.
2. Muchos de los **que** viven juntos son jóvenes.
3. La contaminación es lo **que** hace peligrosa a esta región.
4. El país **cuya** cultura te gusta tanto es Perú.
5. Los datos a **que** te refieres son falsos.
6. El restaurante en **que** comiste es bastante barato.
7. La siesta, **que** es una costumbre española, es buena para la salud.
8. La amiga de **que** te hablé ha llegado ya.

2. Transforma las frases siguientes según el modelo , y
3. Sustituye lo subrayado por una oración de relativo.
Ambos ejercicios pueden hacerse individualmente o con la participación de toda la clase. Su finalidad queda clara en los modelos aportados.

4. Lee y completa con las palabras del recuadro.
Obsérvese que los elementos que deben completarse en el texto son en su mayor parte formas de relativo: se trata de practicar con estas formas dentro de un contexto amplio y real.

TEXTO ÍNTEGRO:

Muchos la critican, algunos la odian, todos la aman cuando la conocen: es la **siesta**. La siesta, que es típicamente española, se practica también en otros países mediterráneos. No todos los países o regiones son adecuados para la siesta. Lo que exige y supone la siesta es calor. Sin un sol que caliente mucho y bien, la siesta no tiene sentido. Durante mucho tiempo se ha criticado la siesta porque se asociaba a la pereza, a la falta de espíritu de trabajo. Pero las cosas no son tan simples: en un país que tiene clima frío, echar una siesta después de comer no es habitual. Sin embargo, en una región calurosa, ¿quién es capaz de trabajar en el campo a mediodía, con 35º o 40º centígrados? Ése es el origen de la siesta y no la pereza. Las investigaciones médicas han añadido algo positivo a la costumbre de echar la siesta: media hora de descanso después de comer ayuda a evitar el infarto, mejora el estado de ánimo y aumenta luego la productividad en el trabajo. Lo que era criticado pronto será apreciado. Y es que las costumbres populares responden a menudo a necesidades vitales. Pero atención: los médicos aconsejan que la siesta no se prolongue durante más de 30 minutos.

5. Busca en el texto anterior las palabras que corresponden a estos significados.
Actividad de identificación léxica contextualizada:

1. Hablan mal de ella: **critican**.
2. Sueño de corta duración después de la comida de mediodía: **siesta**.
3. Acto o acción que se repite habitualmente: **costumbre**.
4. Tienen un sentimiento de aborrecimiento o aversión hacia ella (la siesta) **odian**.
5. Convenientes para un fin determinado: **adecuados**.
6. Tiempo en que se interrumpe el trabajo para recuperar fuerzas: **descanso**.

7. Algo/Alguien por lo que/el que se siente afecto o estima: **apreciado**.

8. Dicen a otros que actúen de una manera determinada: **aconsejan**.

6. Completa con *que* precedido de la preposición adecuada.

1. La ciudad **en que** vivimos es muy agradable.

2. El profesor **de que** me hablaste es español.

3. El libro **a que** te refieres cuesta 2.500 pesetas.

4. Los cursos **en que** te matriculaste se celebrarán el mes que viene.

5. No encuentro la tienda **de que** me hablaste.

6. El coche **con que** le recogiste es nuevo.

7. El momento **en que** me encuentro es decisivo para mi vida.

8. Las palabras **con que** me recibiste no eran las más adecuadas.

Bloque 3º. EN MARCHA

1. Escucha y lee.

Actividad de exposición a la lengua hablada y de lectura, simultáneamente. Puede oírse dos o más veces, a juicio del profesor. La comprensión se activa en la actividad siguiente.

2. Consulta estos gráficos. ¿Cuáles de ellos no han comentado ni Rosa ni Raquel?

La comprensión del texto, de carácter global, se comprobará mediante esta sencilla pregunta. La encuesta no comentada es la relativa a la "Probabilidad de asistir a servicios religiosos...". La explicación de la respuesta dada por los alumnos exigirá la revisión más detallada del texto, que es lo que acabará llevando a una definitiva comprensión.

3. Lee de nuevo el texto anterior, consulta los gráficos y averigua si estas frases son verdaderas o falsas.

Ahora se debe comprobar, de manera precisa y más detallada, si el texto se entiende bien en aspectos concretos, cuales son los sugeridos por las afirmaciones siguientes:

1. El catorce por ciento de los panameños dice que a la muerte no le sigue nada:	Verdadero.
2. Rosa dice que la encuesta no es fiable:	Falso.
3. Los habitantes de Panamá no son muy creyentes:	Falso.
4. La encuesta se refiere solamente a las creencias religiosas de los panameños:	Verdadero.
5. Más de la mitad de los panameños cree que irá al infierno:	Falso.

4. En parejas:
a) Revisad el diálogo anterior y haced una lista de todos los adjetivos utilizados en el texto.
b) Escribid cinco frases usando algunos de esos adjetivos y leedlas a la clase.

Mediante esta actividad los alumnos deben activar, tanto en la expresión escrita como en la oral, lo que han practicado y aprendido a lo largo de la unidad. Cada pareja debe escribir su lista de adjetivos para luego escribir las frases que considere oportunas y leerlas a toda la clase.

La expresión de opiniones se manifiesta mediante estructuras como las presentadas en el cuadro de **Se dice así**. La práctica con tales estructuras se propone en la actividad siguiente.

5. En grupo: Opinad sobre las siguientes afirmaciones usando las estructuras del recuadro.

El ejercicio se hará, preferentemente, de manera oral, aunque pueden preceder algunos minutos para que cada uno prepare por escrito la opinión que luego expresará oralmente.

6. En parejas:
a) Anotad cinco temas de interés.
b) Haced una encuesta a compañeros/as de clase sobre esos temas.
c) Escribid luego lo que creen/opinan vuestros compañeros/as sobre cada tema.

Esta actividad pretende que los alumnos pongan en práctica y consoliden lo aprendido haciendo ellos mismos una encuesta, pasándola a los compañeros/as de clase, anotando los resultados y redactando las conclusiones. Luego pueden leerlos a la clase y, si el profesor lo considera oportuno, cabe la posibilidad de redactar, con la participación de todos, la "lista de opiniones de la clase" sobre los temas propuestos.

7. Reglas de acentuación gráfica.

El español sigue reglas de acentuación rígidas, dependiendo de la sílaba sobre la cual recae el acento tónico. Es importante que el alumno comprenda estas reglas porque esto facilitará la correcta asignación del acento gráfico a la sílaba que corresponda.

gramatical	jardín	inglés
carácter	ojo	magnífico
camión	oficina	último
matemáticas	lima	conquista
león	volcán	paréntesis
hábil	océano	después
pasaporte	martes	árbol

EN BUSCA DE LA PALABRA

Se amplían, en esta actividad reservada al léxico, las fórmulas normalmente utilizadas para **expresar una opinión.** La traducción de las frases hecha al idioma materno del alumno servirá de ayuda para poner de relieve los contrastes y reforzar así el aprendizaje.

Bloque 4º. VARIANTES USUALES DEL LENGUAJE
• •

Expresiones y palabras propias del español mexicano, en contraste con el español "normativo". Se trata de un ejercicio de información y de aproximación a las variedades del español en los diferentes países en que se habla. No es necesario que el profesor presente esta sección como de "obligado aprendizaje", a no ser que existan causas justificadas (un viaje a México por parte de algunos alumnos/as, etc...).

TEXTOS

Este extracto literario, de Isabel Allende, ofrece algunas estructuras relacionadas con la expresión de opinión. Téngase en cuenta lo recomendado en la introducción sobre el trabajo en clase con los textos literarios.

UNIDAD DE REVISIÓN Y AUTOEVALUACIÓN (1-4)

Solucionario

NOTA: Los ejercicios precedidos de un (*) pueden ser respondidos con frases parcialmente variadas. Lo sugerido aquí es, por tanto, aproximado.

I. Comprensión oral

1. Escucha y completa.

TEXTO GRABADO:

Roberto nació hace 17 años en Medellín, Colombia. Es estudiante de bachillerato. Él es muy delgado, pero también alto, mide casi dos metros. Su deporte favorito es el baloncesto. Lleva el pelo muy corto, es rubio, con ojos azules, boca pequeña y cara alargada y bastante delgada.

2. Escucha y señala las expresiones que oigas.

TEXTO GRABADO:

A: ¿Te acuerdas de cómo era todo esto? ¡Qué desastre!
B: Claro que sí. Todo estaba verde, lleno de árboles ,y en el lago había vida.
A: Ya no queda nada de aquello. Desde que hicieron la fábrica de productos químicos, este lugar se ha convertido en un verdadero basurero. ¡Cuánta porquería! El lago está seco, sin vida, apenas quedan árboles. ¡Qué barbaridad! ¿A dónde vamos a llegar? Sabes, creo que hay que hacer algo enseguida, ¿no crees?
B: ¿Tienes alguna idea?
A: Pues mira...

Solución: a) ¡Qué desastre!; b) ¡Cuánta porquería!; c) ¡Qué barbaridad!

3. Escucha y anota V (verdadero) o F (falso).

TEXTO GRABADO:

Rosario: Tienes razón. Tengo que cuidarme más y mejor.
Irene: Te vengo diciendo ya hace algún tiempo, Rosario, que dejes de fumar tanto y que no trabajes tantas horas.
Rosario: Bueno, pero si dejo el tabaco, me pongo muy nerviosa y no puedo concentrarme en el trabajo.
Irene: ¿Por qué no intentas hacer un poco de ejercicio físico?
Rosario: Quieres decir: ¿hacer deporte? Estás loca. No me imagino sobre una bici o corriendo por los parques.
Irene: Ah, ¿no? Entonces, ¿cómo quieres cuidarte más y mejor?
Rosario: Mira, conozco una cafetería, donde podemos discutir esto mejor y con más calma. ¡Vamos!

Solución: a) F; b) F; c) F; d) F.

4. Escucha lo que dice Antonio y contesta a las preguntas.

TEXTO GRABADO:

Hace unos años trabajaba muchísimo. Me pasaba doce horas en la oficina. Como no tenía tiempo para ir a casa a comer, me tomaba un bocadillo y varios cafés al día. Algunas veces iba a un bar, que está enfrente de la oficina, y me tomaba una hamburguesa. Además, solía fumar casi dos paquetes de cigarrillos al día y apenas hacía deporte. Estaba todo el día cansado, de mal humor y con dolor de cabeza. Me sentía mal y cansado, hasta que fui al médico. Éste me dijo que hiciera algo de ejercici oy que no fumase.

Ahora trabajo menos, como fruta y verdura y he dejado de fumar. Lo cierto es que me siento muy bien.

Solución: a) Doce horas; b) Un bocadillo; una hamburguesa; c) Su visita al médico; d) Muy bien.

5. Escucha y señala el recuadro que se ajusta al texto.

TEXTO GRABADO:

... ¿Sabéis lo que opinan las españolas sobre la profesión que les gustaría para sus maridos?

Es muy interesante. La mayoría de las mujeres prefieren maridos médicos o abogados. La profesión menos deseada por las mujeres es la de profesor. Es importante también la preferencia por directores de empresa, escritores, actores y deportistas, por este orden. Sólo al 5% de las mujeres españolas les gustaría casarse con hombres dedicados a la política.

Solución: RECUADRO 2.

II. Comprensión escrita

1. Lee la descripción y señala a qué dibujo se refiere.

Solución: DIBUJO 1.

2. Relaciona las frases de cada columna.

Solución: a) 2; b) 5; c) 3; d) 1; e) 4.

3. Completa las siguientes frases con una palabra del recuadro.

Solución: a) nació; b) encantan; c) crecieron; d) reunida; e) parece; f) tenemos; g) exige; h) creen.

4. Señala cuál de las siguientes expresiones indican hábito.

Solución: b); d); f); h).

5. Ordena las frases siguientes y reconstruye el texto original.

Solución:
La ciudad de México fue fundada el año 1176 por los aztecas, con el nombre de Tenochtitlán.
De 1517 a 1521 fue destruida por los españoles, conducidos por Hernán Cortés, y más tarde sería la capital de la Nueva España.
Al separarse México de España, en 1824, la ciudad de México fue elegida capital de la República.

III. Expresión oral y escrita

*1. Escucha y responde a las preguntas.

TEXTO GRABADO:
a) *¿Es posible contaminar menos los mares y ríos?*
b) *¿Qué haces para conservar tu salud?*
c) *¿Has visitado México alguna vez?*

Respuestas esperadas:
a) Creo que sí. No deberíamos tirar basura a los mares ni a los ríos; b) Suelo comer frutas y verduras y hacer algo de ejercicio; c) No, no he visitado México, pero me encantaría.

*2. Recuerda cómo eras de niño/a y descríbete.

Respuesta posible:

Recuerdo que me gustaba mucho jugar con mis amigos y amigas. También me encantaba ir al colegio, allí tenía muchos amigos. Era un/una chico/a muy alegre y extrovertido/a, mucho más que ahora. Los fines de semana solía visitar a mis abuelos, nos reuníamos toda la familia. Era muy divertido. Siempre llevaba zapatos de deporte y pantalones cortos. También me gustaba llevar el pelo largo.

*3. Observa los dibujos y expresa tus preferencias.

Respuestas esperadas:

a) Prefiero la playa a la montaña; b) Prefiero bañarme a tomar el sol; c) Prefiero un ordenador a una máquina de escribir; d) Prefiero un plato de paella a un bocadillo; e) Prefiero estudiar en casa a ir a clase.

*4. Escribe cinco acciones que suelas hacer en vacaciones.

Respuestas esperadas:

a) Suelo levantarme bastante tarde; b) Suelo salir todos los días con mis amigos/as; c) Acostumbro a pasear; d) Suelo leer novelas y revistas; e) Suelo ir al cine a menudo.

*5. Opina sobre las siguientes afirmaciones. Utiliza las expresiones *opino que/(no) creo que/en mi opinión.*

Respuestas esperadas:

a) No creo que el Mediterráneo sea un mar limpio; b) En mi opinión fumar es peligroso para la salud; c) Opino que una siesta diaria de media hora no es señal de pereza, sino que, además, es buena para la salud; d) Creo que la gramática es muy útil para aprender una lengua; e) No creo que viendo TV se aprendan muchas cosas buenas.

IV. Gramática y léxico

1. Escribe las formas del *indefinido* y del *imperfecto* de los siguientes verbos.

Solución: a) expliqué, explicaba; b) obligué, obligaba; c) alcancé, alcanzaba; d) busqué, buscaba; e) jugué, jugaba; f) empecé, empezaba.

2. Completa con el adjetivo entre paréntesis en forma de comparativo/superlativo.

Solución: a) mejor; b) mayor; c) rapidísimo; d) dificilísimo; e) divertidísima.

3. Completa con *ser/estar.*

Solución: a) estás; b) están; c) somos; d) son; e) es; f) es; g) está; h) es.

4. Completa con *que, cuyo/a, el/la/lo que, en que.*

Solución: a) en que; b) cuya; c) que; d) lo que; e) que; f) el que; g) que; h) que.

*5. Escribe dos adjetivos que describan.

Respuestas esperadas: a) liso, rizado, largo, corto; b) ancha, despejada; c) claros, oscuros; d) grande, ancha; e) gruesos, finos; f) grandes, pequeñas; g) grande, chata.

UNIDAD 5 ¿Queremos que haya árboles?

ÁREA TEMÁTICA:	La conservación del planeta Tierra.
APRENDERÁS A:	Hablar de cantidades. Referirse al futuro, expresar acciones posibles, realizables, deseables, etc. Constatar hechos, hacer afirmaciones, describir el entorno físico.
GRAMÁTICA:	Formas y usos del presente e imperfecto de subjuntivo. Estructuras para constatar hechos (con indicativo).
ORTOGRAFÍA Y PRONUNCIACIÓN:	Uso enfático del pronombre personal sujeto ante el verbo.
VARIANTES USUALES DEL LENGUAJE:	En la comisaría de policía: declaración de pérdida o robo de algo.
TEXTOS:	Fragmento de *Juegos de la edad tardía,* de Luis Landero.

Bloque 1º. SITÚATE

1. En grupo: Mirad este mapamundi y anotad en qué países se encuentran las mayores reservas de bosques tropicales o selvas.

Con esta actividad, que se sugiere que se haga en grupos, los alumnos podrán obtener y comentar alguna información sobre temas ecológicos con el fin de crear un contexto adecuado a las funciones lingüísticas y comunicativas sobre las que girará esta unidad. Se recomienda que las anotaciones se hagan por escrito.

2. Escucha y completa este texto.

En esta ocasión se pretende fomentar el interés por parte del alumno y su atención mediante el procedimiento de completar las lagunas del texto. El texto deberá oírse dos veces, al menos.

TEXTO ÍNTEGRO:

El hombre ha vivido hasta el presente sin preocuparse por el lugar en que habitaba, la Tierra. Hemos pensado que los árboles nunca se acabarían, que los bosques eran infinitos, que el oxígeno del aire estaría siempre allí en abundancia, que nuestro planeta Tierra tenía de todo y para todos. Pero la realidad no es así. ¿Queremos que haya árboles? Pues tenemos que plantar más árboles y cortar menos. ¿Deseamos que los bosques no se agoten? Pues hemos de cuidar los bosques. ¿Necesitamos que el oxígeno no se acabe para poder respirar? Pues entonces hay que contaminar menos el aire. ¿Somos conscientes de que en los últimos diez años la Tierra ha perdido el 10% de las selvas tropicales? Los científicos afirman que cada año se destruyen unos 17 millones de hectáreas de bosques. Si seguimos con este ritmo de destrucción, en 100 años los grandes espacios verdes desaparecerían.

Hoy sabemos que si desaparecen los bosques no solamente perdemos árboles. La falta de árboles hace que cambie el clima, que se produzca menos oxígeno y que se rompa el ciclo de las lluvias. Estos cambios, a su vez, dan lugar a otros. El más importante es que desaparecen formas de vida, aunque muchas de ellas sean desconocidas, no estén aún estudiadas o no hayan sido descubiertas.

La vida sobre nuestro planeta forma un todo equilibrado. Si se rompe el equilibrio global, todo el sistema puede destruirse. La desaparición de animales y plantas afectará a ese equilibrio. Por ejemplo, de las 250.000 plantas conocidas, 160.000 están en los bosques tropicales. Y de todas las aves del mundo, una quinta parte vive en estos mismos bosques tropicales. En ellos habita también el 90% de los monos y primates. Ya solamente queda la mitad de las selvas que había en la Tierra. Los continentes más afectados por la pérdida han sido América (Brasil, Perú, Venezuela, el Caribe, México), África (Zaire) y el sur de Asia (Indonesia). ¿Queremos que el hombre siga sobre la Tierra? En tal caso tenemos que cuidar de nuestro planeta.

3. En parejas:
a) Leed el texto de nuevo y anotad las razones por las que es necesario cuidar de la Tierra y conservar los bosques.

Tras una lectura del texto anterior, en grupo o individualmente, los alumnos deben demostrar que lo han comprendido anotando las razones que se piden en a) para luego explicarlas: **b) Explicad esas razones a la clase.** Tanto una tarea como la otra deben originar preguntas, comentarios y explicaciones que impliquen la interacción alumnos/profesor.

4. Mira de nuevo el texto anterior y explica con otras palabras el significado de:

Se activa ahora la comprensión detallada de algunas palabras, dentro del contexto en que aparecen. Puede aprovecharse la ocasión para consultar un diccionario, monolingüe o bilingüe. Es aconsejable que en la explicación participe toda la clase.

Ejemplo: **preocuparse**: *sentir "preocupación", ocupar el ánimo o pensar en algo que produce temor, inquietud...*

5. Haz cinco frases con cinco de las palabras explicadas en el ejercicio 4.

Las explicaciones y aclaraciones realizadas en **4.** deben traducirse en la posibilidad de que los alumnos ejerciten la creatividad haciendo algunas frases sobre los términos anteriores.

Ejemplo: *Las selvas del planeta Tierra se destruyen muy rápidamente.*

En el cuadro de **Se dice así** se presenta, a manera de revisión, el tema de las cifras. Sobre ello versa el ejercicio **6.**

6. Anota todas las cifras que encuentres en el texto. Luego escríbelas con letras.

El reconocimiento de las cifras identificadas en el texto del ejercicio **2.** irá seguido de su consolidación a través de la práctica escrita.

Bloque 2º. ¡ADELANTE!

1. Traduce a tu idioma las siguientes frases.

La traducción de tales frases al idioma materno del alumno tiene como objetivo poner de manifiesto las dificultades a través del contraste. Las frases en español se refieren a acciones futuras y posibles, pero no reales o realizadas. En consecuencia implican el uso del modo subjuntivo. Esto se pretende con la reflexión requerida en el cuadro de **Aprende a aprender**. El tema del subjuntivo es complejo y exige la ayuda del profesor por un lado y la práctica y reflexión del alumno por otro. De ahí que sea necesaria la consulta de una gramática, además de las explicaciones que pueda dar el profesor. El uso del subjuntivo se ilustra de nuevo en el cuadro de **Se dice así**, mientras que las formas del presente e imperfecto de subjuntivo se ofrecen en el cuadro gramatical anterior.

2. Expresa algunos deseos en relación con la vida y actividad sobre la Tierra.

Ejercicio en el que se propone un modelo que implica el uso del subjuntivo. Referirse a un *deseo* es adecuado porque ello supone referirnos a algo todavía no realizado, característica fundamental en que se basa el uso del subjuntivo.

Los ejercicios siguientes,
3. Transforma según el modelo, y
4. Completa con el verbo en subjuntivo o en indicativo, según convenga,
pretenden consolidar el uso de las formas de subjuntivo mediante la repetición y la reconstrucción. En el ejercicio **4.** se contrasta el uso del indicativo y del subjuntivo:

1. Mis amigas **dicen** que este año no nevará.
2. El médico considera que el enfermo **camina** bien.
3. Es posible que **necesite** más horas para estudiar.
4. El trabajo de cada día hace que Luis **sea** feliz.
5. ¿Crees posible que en Murcia **haya** 20º de temperatura en diciembre?
6. Quizás la capa de ozono del Ártico **se regenere** en el futuro.
7. Todas las teorías juntas no **son** capaces de explicar este hecho.
8. Las calles no son anchas, pero quizás esto **sea** porque no hay espacio.
9. Es bueno que todos **convivan** juntos.
10. Si se rompe el equilibrio, la atmósfera **podría** destruir a los seres vivos.

5. Completa el texto con las palabras del recuadro.

En esta actividad se llama la atención sobre las frases que implican el uso del subjuntivo dejando en blanco las formas verbales correspondientes. El contexto debe ayudar a explicar y comprender mejor el tema:

TEXTO ÍNTEGRO:

Es posible que en el mundo queden unas 9.000 especies de aves. Si contásemos todas las que vuelan por los aires, quizás habría unos 50.000 millones de pájaros de todo tipo y tamaño. Quizás a todos nos gusten los pájaros; ninguno es realmente peligroso para el hombre. Probablemente alguien piense que hay muchos pájaros. No es verdad: si los pudiésemos repartir entre los seres humanos, nos tocarían a diez pájaros por persona. Sólo en España hay unos seiscientos millones de aves, de cuatrocientas especies diferentes. ¿Has calculado los que habrá en las selvas amazónicas? Pues bien: pedimos que los pájaros sigan ahí, que sean respetados, que sea posible convivir con ellos. El planeta será más hermoso con pájaros que sin ellos.

En el cuadro gramatical siguiente se presentan las formas irregulares de subjuntivo de dos verbos muy usados: *ser, estar*.

6. Completa con las formas verbales adecuadas de *ser* o *estar* en subjuntivo.

1. Es probable que aquello **sea** un río.
2. Me gustaría que la casa **fuera** un poco más grande.
3. A estas horas es posible que Isabel **esté** en casa.
4. Si **estuvieras** siempre a mi lado, yo sería feliz.
5. ¿Estás contento con tu suerte? No, pero ojalá lo **estuviera**.
6. ¿Qué harías si **fueras** presidente de la nación?
7. Iré a verte cuando **sean** las 11 de la noche.
8. ¿Quieres que ella **esté** siempre a tu lado?

7. Busca en los textos anteriores las palabras que corresponden a estos significados.

Actividad de precisión en la comprensión mediante la identificación de definiciones en vocabulario del texto anterior. Es aconsejable hacer el ejercicio con la participación de toda la clase.

1. Vivía en ese lugar: **habitaba.**
2. Variación de algo respecto a lo que era antes: **cambio.**
3. Hay todavía: **queda.**
4. Se dice de las cosas sobre las que tenemos ideas claras y que identificamos bien: **conocidas.**
5. Con riesgo de que pueda causar algún daño: **peligroso.**
6. Volumen o dimensión de algo: **tamaño.**
7. Que son vistos con actitud deferente o con consideración: **respetados.**
8. Que no son iguales a otros: **diferentes.**

Bloque 3º. EN MARCHA

1. Escucha y lee.
Actividad de práctica auditiva y lectora relacionada con la función de "constatar hechos".

2. Responde a las siguientes preguntas, según el texto anterior.
Con esta serie de preguntas se pretende comprobar la comprensión de los titulares anteriores.
La constatación de hechos se expresa normalmente mediante el uso de las formas verbales de indicativo. Este hecho contrasta con la expresión de hechos posibles o no reales, que suele hacerse mediante las formas de subjuntivo.

3. En parejas:
a) Haced cinco frases similares a las del recuadro en relación con vuestro entorno.
Práctica con las estructuras utilizadas para constatar hechos. Se sugiere el trabajo en parejas, primero

escribiendo las frases, luego leyéndolas y comentándolas/corrigiéndolas con la participación de toda la clase.

4. Decidlo de otra manera, usando un tiempo de indicativo.

En este ejercicio el alumno debe ser capaz de transformar frases "irreales o posibles" en hechos constatados. Se contrapone así el uso del subjuntivo al del indicativo. El modelo propuesto hace comprender que la transformación no es difícil formalmente.

5. En grupos:
a) Sois un grupo ecologista que tiene como fin preservar el medio ambiente. Escribid un decálogo de lo que debe hacer la gente (*Hay que, Es preciso que,...*) sobre alguno de los temas siguientes:
- las basuras y desperdicios
- los espacios verde
- los detergentes.
- los productos químico
- los seres vivos.
- las plantas
b) Leed vuestro decálogo de consejos a la clase.

Esta actividad, que debe realizarse en grupos, implica la puesta en práctica de todo lo aprendido a lo largo de la unidad, incluyendo otras estructuras utilizadas en la expresión de obligación/deber. Conviene que cada grupo escriba primero su "decálogo" y se comenten o corrijan los resultados en el momento de leerlos a toda la clase. Además de los aspectos estructurales, la actividad implica el trabajo con vocabulario ya visto o posibles nuevos términos relacionados con el tema de la unidad.

6. Pronunciación y enfatización del pronombre. Uso del pronombre sujeto antes del verbo.

Actividad para recordar al estudiante de español el uso y omisión del pronombre sujeto antes del verbo. El profesor puede aprovechar la ocasión para contrastar este uso con el propio de la lengua materna de la clase.

EN BUSCA DE LA PALABRA

Busca en el diccionario el significado exacto de estos verbos y utiliza el más adecuado en cada frase.

Obsérvese que este ejercicio de ampliación léxica se refiere a verbos relacionados con "decir algo hacia el exterior".
1. El muchacho nos **contó** lo que le había sucedido en la ciudad.
2. El conferenciante **reveló/expuso** algunos datos de su investigación.
3. El Presidente no **pronunció** una sola palabra durante todo el acto oficial.
4. La señora me **contó** uno de sus secretos.
5. El niño **recitó** la poesía con mucho sentimiento.
6. El general **anunció/comunicó** que la guerra había terminado.
7. Llegados a casa, **comentaron** las noticias con sus padres y hermanos.
8. El ministro **pronunció** un largo y aburrido discurso.
9. Mi madre **dijo** que ya era tarde para seguir en la calle.
10. La ley **ordena** que los culpables sean castigados.

Bloque 4º. VARIANTES USUALES DEL LENGUAJE
• •

Expresiones y frases que suelen utilizarse en España e Hispanoamérica, en la Comisaría de Policía, para denunciar la pérdida o el robo de algo. Se trata de expresiones orientativas. El profesor puede utilizar estas sugerencias como variedades lingüísticas dentro del mundo de habla hispana.

TEXTOS

Fragmento de un texto literario dialogado, de Luis Landero, relacionado con las funciones de la unidad.
Téngase en cuenta lo dicho en la introducción sobre este apartado, si se decide leer en clase este texto.

UNIDAD 6 *En busca de la igualdad*

ÁREA TEMÁTICA:	Situación social de la mujer.
APRENDERÁS A:	Expresar posesión y pertenencia.
	Referirse a procesos incoativos, reincidencia, abandono de una acción.
	Expresar números, cantidades y fracciones.
GRAMÁTICA:	(Pronombres posesivos) *El mío, la mía, los míos, las mías. Lo mío...*
	Empezar a / Dejar de / Volver a.
	La mitad, el doble, el triple...
	Formación de palabras mediante la terminación **-or/-ora.**
ORTOGRAFÍA Y PRONUNCIACIÓN:	**Gu + e/i.** Valores fonéticos de ***g*** y ***j.***
VARIANTES USUALES DEL LENGUAJE:	En la oficina de empleo. Currículo.
TEXTOS:	Artículo del periódico *El Tiempo*, Santa Fe de Bogotá, Colombia.

Bloque 1º. SITÚATE

1. En grupo: a) Leed y analizad estas estadísticas sobre la mujer en España.

La lectura y comentario de estas cifras tiene como finalidad introducir el tema de la unidad.

2. Escucha esta entrevista con Isabel López.

Actividad de exposición a la lengua hablada. Debe escucharse el diálogo dos veces como mínimo. El trabajo de comprensión se pide en la actividad siguiente.

3. Lee de nuevo el texto anterior y anota lo que Isabel López considera.

La lectura del texto anteriormente oído debe permitir comprender las ideas que son necesarias para responder a los cuatro apartados señalados. Puede hacerse la lectura individualmente o en grupo, pero conviene que las respuestas se comenten con la participación de toda la clase, favoreciendo la búsqueda de referencias en el texto y la consiguiente explicación de todos los elementos léxicos y estructurales que presenten dificultades de comprensión.

4. En parejas: Revisad el texto de nuevo y anotad todas las palabras que expresen posesión.

Con este ejercicio se llama la atención sobre los elementos utilizados para expresar posesión y pertenencia. En **Aprende a aprender** se sugiere la consulta de una gramática con el fin de favorecer el descubrimiento y la reflexión del alumno sobre el tema de las formas de posesión. El profesor ayudará cuando lo soliciten los alumnos, pero previamente debería propiciar la auto-reflexión.

5. Observa el desdoblamiento de vocales en algunas formas verbales del texto anterior.

Este es un ejercicio de revisión de formas verbales irregulares por desdoblamiento de la vocal radical. No solamente se destacarán las irregularidades que se encuentren el texto, sino que debe aprovecharse la ocasión para recordar casos similares (**o - ue**, especialmente).

Ejemplos en el texto: *querer (quiero...), decir (digo...), tener (tiene...), poder (puedo...).*

6. a) Explica en español el significado de.
b) Traduce esas mismas palabras a tu idioma.

Actividad de ampliación léxica contextualizada. Promuévase el uso de los diccionarios monolingüe y bilingüe.

Nota: **jefe/jefa**, actualmente se utilizan más los femeninos como **jefa, presidenta, ministra, médica, jueza**, etc.

Bloque 2º. ¡ADELANTE!

1. Transforma según el modelo.
2. Completa con frases a modo de respuesta, según el modelo.

Ejercicios de práctica para consolidar la adquisición de formas posesivas.

En el siguiente recuadro de **Se dice así**, se revisan las formas para expresar números, cantidades y fracciones. Sigue a continuación una actividad de práctica:

3. a) Escribe estas cifras.
   b) Léelas a tu compañero/a.

4. Escribe un texto de 5 a 10 líneas explicando este gráfico.
   Esta práctica de la expresión escrita se refiere al tema de la unidad. Se supone que los alumnos tienen ya ideas suficientes para hacer una redacción corta, como la sugerida aquí. Puesto que la redacción debe referirse al gráfico presentado, es necesario que algunas de las redacciones se lean en público y se contraste lo escrito con lo que representa el gráfico. De esta manera se comentarán algunos aspectos léxicos o gramaticales y se corregirán posibles errores.

5. Completa el texto con los elementos del recuadro.
   En el siguiente texto se presenta, de manera contextualizada, el tema de la expresión de procesos que se han iniciado, se desarrollan o han llegado a su final. Algunas de las palabras que deben suplirse se refieren a este extremo. El profesor debe prestar especial atención a tal objetivo.

TEXTO ÍNTEGRO:

La situación ha empezado a cambiar: el 30% de los afiliados a la Asociación de Jóvenes Empresarios (AJE) son mujeres. De este porcentaje, el 2% tiene menos de 20 años y el 50% está entre los 20 y los 30. La mujer joven ha dejado de ser ya inexperta o aficionada. Tienen muchas cosas en su contra; la mayoría ha empezado su negocio con préstamos del Banco o con ayuda de la familia. Muchas son hijas de empresarios y conocen de cerca lo que es una empresa. Pero han recibido poca o ninguna ayuda de sus padres, excepto buenos consejos y apoyo moral.

Aurora tiene 22 años. Comenzó su negocio a los 19. Había trabajado de recepcionista en un hotel. Luego pidió ayudas estatales para fundar una empresa de mensajería. En tres años ha creado 14 empleos y factura ya más de 40 millones de pesetas. Sara tiene 30 años y es licenciada en Derecho. Creó una empresa para distribuir regalos y este año facturó más de 50 millones de pesetas. "Durante mi carrera trabajé como guía turístico. Luego me coloqué en una empresa dedicada a preparar regalos. Y ahora aquí me tienes, con mi propio negocio, con dos empleados en la casa y nueve vendedores por toda España."

Las estructuras y verbos utilizados en la función señalada se exponen en el recuadro de **Se dice así**.

6. Completa con las formas adecuadas de *empezar a, dejar de, volver a* y explica o justifica la elección de uno u otro verbo.
   Las opciones más adecuadas (pero no las únicas, puesto que el proceso puede considerarse como de inicio o de finalización en algunos casos) son las siguientes:

   1. Laura ya **ha empezado a** ser una jovencita.
   2. La familia **vuelve a** estar unida de nuevo.
   3. La empresa **ha dejado de** enviar regalos a todos sus empleados.
   4. Las mujeres **han empezado a** ser consideradas iguales que los hombres.
   5. Mi amigo **empezó a** trabajar el mes pasado.
   6. La hija **ha vuelto a** hablar a su padre después de dos días sin decir palabra.
   7. Uno de los jóvenes del grupo **ha dejado de** tocar la guitarra.
   8. Después de descansar durante dos horas **han vuelto a** estudiar con intensidad.

En el siguiente **esquema gramatical** se presenta un sufijo muy utilizado en la formación de palabras que implican acción. En la actividad **7.** se ofrece la posibilidad de practicar con esta terminación. Es importante que también se explique el significado de las palabras derivadas, para consolidar más la retención.

7. En grupo: Formad palabras siguiendo el modelo del recuadro y explicad su significado.
Ejemplo: trabajar: **trabajador, trabajadora** (persona, hombre o mujer, que trabaja).
distribuidor/ra, creador/ra, director/ra, adaptador/(ra) (persona y objeto), presentador/ra, moderador/ra, corredor/ra, entrevistador/ra, comprador/ra, conductor/ra, comunicador/ra, escritor/ra, organizador/ra, hablador/ra, formador/ra.

Bloque 3º. EN MARCHA

1. Escucha atentamente esta entrevista y responde.
La actividad se centra primero en la práctica auditiva. A tal fin se hacen varias preguntas que la clase, en su conjunto o en grupos, debe tratar de contestar tras una o dos audiciones.

2. Escucha y completa la entrevista.
Ahora los alumnos escuchan y leen el texto. Se pretende mantener la atención haciendo que complete algunos huecos.

TEXTO ÍNTEGRO:
Isabel Partierra, actriz de 25 años, famosa y con muchos enamorados de sus películas, responde.

Pregunta: Tus películas te han hecho famosa. ¿Qué es lo que más influirá en ti a la hora de votar por un partido político?

Respuesta: Muchas cosas. Una de ellas se refiere al cine. Mi voto dependerá en gran parte de lo que cada partido haga respecto al cine.

P. ¿Influirá en tu voto el hecho de ser mujer?

R. No. Eso es una tontería. Mi voto es un voto serio y no depende de si soy hombre o mujer. ¿Y el tuyo?

P. El mío también es serio, claro. ¿A qué partido votarás?

R. El voto es secreto, ¿no? Pero todavía no lo he decidido.

P. ¿Y quién crees que va a ganar?

R. Tampoco lo sé, no soy adivina. Es posible que gane un partido de derechas, aunque esto sería una sorpresa.

P. ¿Eres de derechas o de izquierdas?

R. No se pueden limitar las cosas a "izquierdas" y "derechas". Esta división ya no existe o no es clara para la gente.

P. Entonces ¿cómo definirías tu voto?

R. El mío será un voto "racional y razonable", ni de derechas, ni de izquierdas, ni de centro.

3. En parejas: a) Haced cuatro preguntas a Isabel Partierra usando las palabras entre paréntesis.
Se pide a los alumnos que practiquen la destreza oral haciendo cuatro preguntas y utilizando verbos que inciden en los objetivos funcionales de la unidad: *ir a, dejar de...* Luego deben escribir las preguntas, responderlas, tratar de escribirlo todo y leer los resultados a la clase. Se activan, por tanto, varias destrezas lingüísticas.

4. Ésta es María Solá. Lee.
El ejercicio de lectura debe ir acompañado de una adecuada comprensión. El profesor señalará que cada alumno anote o subraye los datos que sean más importantes o sobresalientes en el texto. Es importante hacer esto para realizar con éxito la actividad sugerida en **5.**

5. En grupo: a) Con los datos anteriores, escribid una entrevista con cinco preguntas.
La entrevista debe ser susceptible de ser llevada a la práctica. Por eso es también importante que cada grupo haga esta corta entrevista a otros compañeros/as.

6. Relaciona los términos opuestos de cada columna.

Ejercicio de ampliación léxica mediante contraste de opuestos semánticos. La solución es la anotada a continuación. Es importante que para encontrar la palabra opuesta se comenten y discutan las propuestas de los alumnos. No solamente se consolidará el léxico que se trabaja, sino que surgirán propuestas útiles, aunque no sean las exactas:

1. radical	c. moderado
2. cuidar de	e. descuidar
3. destruir (la están destruyendo)	f. hacer
4. riesgo	a. seguridad
5. aburrimiento	h. alegría
6. no le da la gana	g. quiere
7. limitación	d. libertad
8. responsabilidad	b. irresponsabilidad

7. Pronunciación.

Ejercicio de discriminación y práctica con el sonido [x], que presenta dos grafías: **g** o **j**.

EN BUSCA DE LA PALABRA

Actividad de ampliación léxica y uso del diccionario: **Consulta en un diccionario la voz** *echar* **y sustituye este verbo por el más adecuado, de la lista siguiente.**

1. Echó la comida a la basura: **tiró.**
2. El niño echó la carta al buzón: **introdujo (en).**
3. Se echaron todos sobre el enemigo: **se arrojaron.**
4. La chimenea echaba humo: **expulsaba.**
5. ¿Echamos un partido de baloncesto?: **jugamos.**
6. La niña está echando los dientes: **(le están) saliendo.**
7. Echan una buena película en el cine Rex: **proyectan.**
8. Echó el brazo hacia atrás: **movió.**
9. Echaron sus planes por tierra: **desbarataron** (sus planes).
10. Echaron calle arriba y los perdí de vista: **se fueron.**
11. Han echado a cuatro de la fábrica: **han despedido.**
12. ¿Qué edad le echas a la muchacha?: **le calculas.**

Bloque 4º. VARIANTES USUALES DEL LENGUAJE

Se presentan dos documentos originales y auténticos relacionados con el ámbito del trabajo. Es una actividad que el profesor puede considerar como opcional. En caso de presentarla a la clase conviene que señale los contrastes y semejanzas del uso en España y en México.

TEXTOS

Este extracto de un periódico de Colombia se refiere al tema de la unidad. Constituye también un tema adecuado para la discusión y el contraste de opiniones.

UNIDAD 7 *De ahí que...*

ÁREA TEMÁTICA:	Situaciones y relatos.
APRENDERÁS A:	Comprender el relato, expresar razones y causas. Expresar reflexivilidad e impersonalidad. Usar la voz pasiva.
GRAMÁTICA:	Algunos conectores del discurso (*pero, porque, ya que, de ahí que, en consecuencia, debido a*). Valores y usos de *se* (impersonal). La voz pasiva.
ORTOGRAFÍA Y PRONUNCIACIÓN:	Diferentes acentos hispanos.
VARIANTES USUALES DEL LENGUAJE:	Frases y clichés para calificar a las personas.
TEXTOS:	Artículo de *Un mundo sin Colón*, de G. Cabrera Infante.

Bloque 1º. SITÚATE

1. Consulta una enciclopedia e infórmate sobre Nicaragua.

Actividad que debe servir para contextualizar el tema de este bloque, centrado en la realidad de Nicaragua después de la reciente normalización política. La búsqueda o comentario sobre el entorno geográfico puede hacerse individualmente, consultando los alumnos un atlas o mapa por su cuenta, o bien con la participación de toda la clase, sobre un mapa de América que el profesor se encargará de exponer en el aula.

2. Escucha y lee.

La primera audición debería hacerse con el fin prioritario de **escuchar**, evitando así la excesiva tensión que la urgencia por comprender cada una de las palabras pueda producir en los alumnos. En una segunda audición el profesor pedirá a los alumnos que se concentren más en la captación de las ideas principales expuestas en el texto.

3. Escucha de nuevo y responde.

Tras escuchar una vez más el texto anterior, los alumnos deben comprobar su correcta comprensión respondiendo a estas seis preguntas, que se refieren a los puntos principales en torno a los cuales se desarrolla el texto. Es recomendable que las respuestas sean cortas y concisas. Las contestaciones pueden hacerse individualmente o en grupos, pudiendo los alumnos guiarse por las ideas principales que hayan captado y anotado durante las audiciones. Se recurrirá también a la revisión de los párrafos relacionados con cada pregunta. Insístase especialmente en la comprensión léxica.

4. En grupos:
a) Leed el texto una vez más y anotad los "males" y problemas de Nicaragua.

Ahora se pide al alumno que responda a preguntas muy concretas sobre el texto. La respuesta exigirá, al igual que en **3.**, una relectura de algunos párrafos, especialmente aquellos a los que se refiere esta pregunta. Pero búsquese la precisión en la identificación de los males y problemas. Es el objetivo de esta parte del ejercicio.

b) Debéis sugerir soluciones a estos problemas. Anotad vuestras soluciones.

Cada grupo ha de anotar la solución que cree adecuada para cada uno de los problemas identificados en **a)**. Es una buena manera de activar la expresión escrita, sobre la base de lo que la clase ha sugerido y dentro de un contexto que le es conocido.

En el apartado de **Gramática** se resumen los usos de la forma **se**, con valor impersonal o reflexivo, antes y después del verbo. La explicación, breve, se ilustra con ejemplos del texto escuchado con el fin de mantener el contexto comunicativo adecuado. En **Aprende a aprender** se sugiere que la clase reflexionessobre el uso de *se* comparándolo con los recursos lingüísticos utilizados en su idioma.

5. **En parejas:**
   a) **Revisad el texto sobre Nicaragua y subrayad todas las frases donde haya un verbo precedido de** *se* **o con** *se* **pospuesto.**
   b) **Explicad el significado de esas frases.**
   c) **Traducidlas a vuestro idioma.**

Es importante que los temas de gramática se estudien y analicen dentro de un contexto. Por eso se recomienda que el uso de *se* se analice en el extracto sobre Nicaragua. Tanto la explicación de cada frase como su traducción al idioma del alumno servirán de refuerzo a la comprensión y uso de la partícula *se* en español.

6. **En parejas:**
   a) **Escribid en vuestro idioma cinco frases sobre lo que la gente dice o piensa de los países centroamericanos.**
   b) **Traducidlas al español.**
   c) **Leedlas a la clase y corregidlas con la participación de todos.**

Se pretende ahora activar los conocimientos adquiridos propiciando el uso de la partícula *se* en frases relacionadas con el contexto hispanoamericano. Para ello se pide que las parejas escriban primero sus ideas en la lengua nativa. La posterior traducción al español servirá para insistir en la correcta solución de los problemas que impliquen el uso de *se* en estructuras habituales dentro del relato. Es importante la lectura de lo escrito por cada pareja para facilitar así la transmisión de información y su correcta formulación en español.

Bloque 2º. ¡ADELANTE!

· ·

1. **Expresa lo mismo, pero de manera impersonal, con** *se* **y**
2. **Transforma según el modelo.**

   Ejercicios de transformación de oraciones con *se* y valor de impersonalidad.

3. **Relaciona los elementos de cada columna.**
   Ejercicio de identificación y comprensión léxica mediante definición:

1 - c	2 - f	3 - e
4. - g	5 - h	6 - b
7. - d	8 - a	

4. **Completa las frases con** *se* **cuando sea necesario.**
   Este ejercicio requiere un dominio del uso de *se* dentro del contexto mínimo de la oración:

   1. La noticia **se** publicará en los próximos meses.
   2. El tribunal — comprobará las afirmaciones del acusado.
   3. Últimamente **se** construyen muchas casas en la costa.
   4. En este restaurante siempre **se** sirve buena carne.
   5. En la actualidad **se** vive muy bien en esta ciudad.
   6. Todos — buscan la manera de bajar los precios.
   7. Para este trabajo **se** exige mucha experiencia.
   8. En la selva virgen **se** puede observar la vida al natural.

5. **Escucha y subraya en el texto lo que no coincide con lo que oyes.**
   Esta actividad pretende activar en el alumno la capacidad de escuchar e identificar palabras dentro de un contexto amplio. Se destacan las palabras diferentes en el texto grabado, respecto a lo que leen los alumnos en su libro de texto:

TEXTO GRABADO:

Entrar en la selva peruana es duro, pero interesante. Lo más difícil no es remar en una **barca**, a no más de ocho kilómetros por hora; lo peor son los mosquitos y el calor. La selva es tan grande, tan solitaria que **puede pasar** una semana sin encontrar a ningún ser humano. En la selva virgen **es posible** observar la vida de la naturaleza con toda su fuerza: se pueden sorprender monos, pájaros, serpientes, caimanes... Y si **uno** no tiene cuidado, algunos animales **te sorprenderán y matarán**. En esta selva es difícil morirse de sed (hay fuentes y ríos en abundancia), pero **es posible** morirse de hambre. En la expedición de Humboldt (1759), los hombres llegaron a pasar **mucha** hambre y tuvieron que comer hormigas y cacao seco para sobrevivir. Cazar es difícil: es preciso hacerlo de noche y **es necesario** conocer muy bien la zona. Si se desea pescar, **hay que** tener en cuenta que las pirañas están al acecho para cortar el hilo y comerse el cebo.

6. **Busca en el texto las palabras que corresponden a estas definiciones.**
    Ejercicio de identificación léxica mediante definiciones de palabras contenidas en el texto anterior. Es aconsejable hacer el ejercicio con la participación de toda la clase:
    1. Terreno extenso y con mucha vegetación: **selva.**
    2. Hacer que una embarcación se deslice por el agua con la ayuda de un instrumento: **remar.**
    3. Gana y necesidad de beber: **sed.**
    4. Encontrar a alguien desprevenido: **sorprender.**
    5. Superar algo (un hecho desafortunado, una enfermedad, etc.) con vida: **sobrevivir.**
    6. No usado/a o cultivado/a: **virgen.**
    7. Dejar de existir un ser vivo: **morirse.**
    8. Espacio limitado, de mayor o menor extensión: **zona.**

    En el recuadro siguiente, **Se dice así,** se exponen otras maneras de expresar la idea de impersonalidad mediante *uno/a.* Luego se practica este tema en el ejercicio **7,** que exige completar oraciones ya iniciadas con una u otra partícula de "impersonalidad" (**se, uno/a**):

7. **Completa estas oraciones.**

    1. Para llegar pronto se necesita *caminar muy deprisa / levantarse temprano, etc.*

    Cada frase permite varias opciones. Por tanto el profesor debe ser flexible con las respuestas dadas por los alumnos. Lo importante es que la respuesta implique la comprensión y el uso adecuado de las formas usadas en la expresión de impersonalidad.

Bloque 3º. EN MARCHA

1. **Explica sobre este mapa los viajes de Hernán Cortés a través de México.**
    Esta actividad se desarrollará con la participación de toda la clase. El objetivo es contextualizar adecuadamente el tema que seguirá en **2.** Es suficiente con que se describa alguna de las rutas señaladas en el mapa.

2. **Escucha y señala en el mapa adjunto los lugares mencionados en el siguiente relato.**
    La audición y lectura se hará dos veces. El hecho de que los alumnos deban señalar en el mapa los nombres que oyen y figuran en el texto servirá de acicate para que mantengan la atención y consoliden la captación del sistema fonológico español en contexto. El objetivo principal es la comprensión. Hacia esta finalidad apunta el ejercicio siguiente.

3. **En grupos: Elegid el título que consideráis más adecuado para el texto anterior y explicad por qué.**
    Posiblemente los cuatro títulos sugeridos podrían ser adecuados. Lo importante es que la elección vaya acompañada de la explicación de por qué se ha elegido uno en concreto. Las explicaciones en favor o en contra implicarán la revisión del texto para encontrar argumentos adecuados. La elección del título supondrá, por tanto, una revisión comprensiva del conjunto.

4. **Completa cada una de estas frases con información del texto anterior.**
    Este ejercicio requiere igualmente que los alumnos comprendan bien el texto leído, pero exige, además, que completen las frases reutilizando la información extraída de ese mismo texto. Las respuestas pueden ser, por tanto, varias, aunque siempre acordes con lo expuesto en ese mismo extracto textual.

Ejemplo: *En 1511 hubo un naufragio cerca de la península de Yucatán y se salvaron 20 hombres.*

Tras el recuadro de **Gramática**, en el cual se sintetiza la estructura para formar la voz pasiva, sigue un ejercicio de práctica:

5. Decidlo en voz pasiva.

Se trata de un ejercicio de revisión. El objetivo es que el alumno identifique el uso de las estructuras de voz pasiva. El dominio de estas estructuras es objetivo menor, ya que son menos frecuentes en el uso diario.

6. En parejas: Anotad algunas razones:
   a) ¿Por qué el español Guerrero era apreciado por los indios?
   b) ¿Por qué era odiado por los españoles?
   c) Leed y explicad esas razones a la clase.

Este ejercicio se desarrolla en tres fases. Las dos primeras requieren solamente la revisión del texto de **2.** para identificar las razones por las que los indios apreciaban y los españoles odiaban a Guerrero. En la tercera fase los alumnos deben anotar esas razones por escrito, formulándolas por sí mismos, y luego leerlas a toda la clase. Se activa así la producción escrita fundamentalmente.

7. Pronunciación.

Ejercicio de audición para que el alumno sea consciente de la variedad de acentos existente en el español moderno, tanto dentro de España como en los países hispanoamericanos. La actividad no debe consumir más de cinco o diez minutos, aprovechando el profesor para explicar brevemente el tema de la diversidad de acentos.

EN BUSCA DE LA PALABRA

Con la ayuda de un diccionario, relaciona cada expresión con su significado:

1. A mano (*¿Tienes un bolígrafo a mano?*): b.
2. Al alcance de la mano (*Tuvo el puesto de trabajo al alcance de la mano*): a
3. Con las manos en la masa (*Pillaron a los ladrones con las manos en la masa*): d.
4. Con las manos vacías (*El pobre hombre volvió con las manos vacías*): h.
5. De mano en mano (*Este manuscrito ha llegado hasta nosotros de mano en mano a través de los siglos*): g.
6. Echar mano (de...) (*Tuve que echar mano de mis ahorros para pagarle*): i.
7. Lavarse las manos (*Pilatos se lavó las manos y entregó al acusado a los romanos*): f.
8. Tener buena/mala mano (*Tiene buena mano para los juegos*): j.
9. Traer entre manos (*Nunca sé lo que trae entre manos este hombre*): e.
10. Tener manos libres (*Ya puedes hacer lo que quieras: tienes las manos libres*): c.

Bloque 4º. VARIANTES USUALES DEL LENGUAJE

Lo que se puede y suele decir a las personas y de las personas en España y en Venezuela.

TEXTOS

Extracto de G. Cabrera Infante sobre un incidente imaginario en la nave Santa María, el 3 de octubre de 1492, un día después de haberse descubierto América.

El texto reviste interés. Pero ténganse en cuenta las recomendaciones iniciales de esta Guía si se decide leerlo y comentarlo en clase.

UNIDAD 8 *¡Respeta las señales de tráfico!*

ÁREA TEMÁTICA:	Consejos e instrucciones.
APRENDERÁS A:	Comprender e interpretar instrucciones, consejos, normas relativas a la vida social, manejo de aparatos, etc. Leer e interpretar información pública.
GRAMÁTICA:	Imperativo. *(Le/Te/Os) aconsejo que; debe usted; tiene usted que...* Régimen preposicional de algunos verbos. *Saber* y *conocer.*
ORTOGRAFÍA Y PRONUNCIACIÓN:	Reglas de grafía para **b** y **v**.
VARIANTES USUALES DEL LENGUAJE:	Lenguaje de anuncios.
TEXTOS:	Extracto de *El Hombre que lo tenía Todo, Todo, Todo,* de Miguel Ángel Asturias.

Bloque 1º. SITÚATE

1. En parejas: Relacionad cada dibujo con el texto que corresponda.

Se ilustra la función de dar instrucciones y consejos mediante este documento auténtico relacionado con lo que debe hacerse en la playa. La lectura y consiguiente comprensión de cada una de las instrucciones o consejos permitirá la elección del dibujo que corresponda en cada caso. Insístase en la comprensión solamente por ahora.

2. Escucha de nuevo estos consejos y escribe el número del dibujo al que corresponde cada uno.

En esta segunda fase los alumnos deben concentrar su atención en la audición de esas mismas instrucciones y su adscripción a cada dibujo. No debería utilizarse el texto escrito que aparece en **1.**

3. a) Escribe cada uno de los consejos anteriores de manera diferente, usando el imperativo.

Ejemplo: 1. *No bebas cualquier agua / Bebe siempre agua potable.*

Práctica y consolidación de las estructuras para dar instrucciones/consejos mediante la transformación de las frases de **1.** Luego debe leerse a la clase lo escrito y corregir los posibles errores si fuera necesario.

En el recuadro de **Gramática** se ilustra el contraste en el uso de tiempos verbales implicado por la formulación de instrucciones en forma afirmativa y negativa. El profesor aprovechará para explicar brevemente el tema.

4. ¿Qué prohíben o aconsejan estos letreros y anuncios?

Activación del uso de las estructuras afirmativas y negativas para dar consejos:

- Aconsejan beber agua potable / que no bebas agua potable.
- Prohíben (que) ....

Los dibujos sugieren las siguientes frases:

D1: Conduzca con precaución	D2: Cierre despacio.
D3: No contamine las playas.	D4: Respete las plantas.
D5: Gaste sólo la luz que necesite.	D6: No beba si va a conducir.
D7: Abróchense los cinturones de seguridad.	D8: No aparque en zona prohibida.

5. a) Busca y escribe seis prohibiciones habituales en tu ciudad o región. Escríbelas en tu idioma.
b) Tradúcelas al español.
c) Léelas a tu compañero/a y comprobad ambos/as si la traducción es correcta.

Si los alumnos han comprendido bien cómo se aconseja, prohíbe, etc., será fácil llevar a cabo este ejercicio. La traducción de consejos/instrucciones habituales permitirá contrastar el uso de tiempos verbales en uno y otro idioma. La posterior lectura de las frases escritas a la clase se aprovechará para corregir los posibles errores.

6. Escribe un consejo, prohibición o mandato para cada uno de los siguientes casos. Se activa la expresión escrita mediante la ayuda de dibujos.

Ejemplos de frases posibles:

D1 (en la playa): *Ten cuidado con el sol.*
No te bañes por la noche, etc.
D2 (en el autobús): *Deja el asiento a los mayores.*
No fumes en el autobús, etc.

Bloque 2º. ¡ADELANTE!

1. Transforma según el modelo.
Ejercicio de transformación que implica el uso de las formas de subjuntivo en la función de dar instrucciones u órdenes. Puede hacerse individualmente o en grupo.

2. Da consejos.
La práctica de dar consejos en forma negativa supone el uso de las formas de subjuntivo.

3. Haz frases con *no debes, no has de.*
Este ejercicio de transformación, a la inversa de los dos anteriores, obliga a relacionar el uso de la estructura de dar órdenes o instrucciones con "deber, haber" + infinitivo.

4. Lee y observa los dibujos. ¿Cuáles están de acuerdo con los consejos expresados en el texto y cuáles no?
Actividad de comprensión lectora, la cual se sustenta sobre la interpretación correcta de cinco dibujos relacionados con el contenido del texto:

D1: Persona llamando por teléfono a las 12.00: **contrario al texto.**
D2: Persona en habitación, temperatura del termostato señala 27 grados: **contrario al texto.**
D3: Lavadora en lavado económico: **acorde con el texto.**
D4: Casa en la que se ve que las ventanas y puertas no ajustan bien: **acorde con el texto.**

Obsérvese que la comprensión global del texto es adecuada si los dibujos se han interpretado correctamente.

5. En parejas: Leed el texto anterior y resumidlo en unas pocas instrucciones o consejos.
El resumen en unas pocas instrucciones supone la activación de la comprensión concreta de lo fundamental en el texto anterior y la práctica de la expresión escrita. Los alumnos escribirán primero las instrucciones. Luego el profesor pedirá que algunas de ellas se lean a la clase y se comparen con lo escrito por otras parejas. Al mismo tiempo se irán contrastando las instrucciones con el texto base.

En **Se dice así** se llama la atención sobre el régimen preposicional de algunos verbos, características que luego se practican en el ejercicio **6.**

6. Pon la preposición adecuada en cada caso.

1. Comience **a** revisar su economía familiar.
2. Siempre dice que viene **a** ver a sus amigas.
3. Depende **de** lo que digan tus padres.
4. Conviene que no te olvides **de** tus hermanos.
5. Me gusta compartir las cosas **con** los amigos.

6. No nos damos cuenta **de** la gravedad del problema.

7. La hija todavía no se ha olvidado **de** su accidente.

8. La suciedad y la contaminación se concentran **en** la parte alta de la ciudad.

7. En parejas: Completad las frases siguientes.

El ejercicio siguiente resume algunos de los puntos funcionales y gramaticales vistos en los dos bloques de esta unidad. Las respuestas pueden variar en el léxico utilizado, pero en la estructura, que está condicionada en buena parte por el inicio dado:

1. Te aconsejo que en clase *no hables con tu amigo/a*, etc.

Bloque 3º. EN MARCHA

1. Escucha y anota a qué aparato se refiere el texto que oyes.

Actividad de exposición a la lengua oral e identificación de información. El aparato al cual se refiere el texto oído es un **teléfono**.

TEXTO GRABADO:

Felicidades por adquirir el aparato Regata 1.000, uno de los modelos de la gama Ventura. Puede usted instalarlo en la oficina o en casa. Este manual le ayudará a obtener todas las ventajas que ofrece.

El Regata 1.000 le permitirá hacer llamadas con total fiabilidad y claridad. Usted solamente necesita enchufar el aparato a la línea telefónica, poner una pila alcalina de 9 V. en el lugar señalado, descolgar el auricular, esperar tono y ... ¡Ya puede usted marcar el número deseado!

Sin pila, la pantalla visualizadora no funciona, aunque es posible hacer y recibir llamadas normalmente.

2. Escucha, lee y anota a qué dibujos no hace referencia el texto.

Ahora la clase debe escuchar y leer al mismo tiempo, buscando la correcta comprensión de las frases siguientes, relativas a distintas fases en el uso del teléfono:

D1: 3.	D2: 1.	D3: a.
D4: 2.	D5: no se hace referencia a este dibujo.	D6: 4.

3. En parejas: Revisad el texto anterior y escribidlo de nuevo substituyendo los imperativos por *tener que, deber* o *haber de*

Ejemplo: *1. Debe usted descolgar el aparato y esperar...*

Se trata de un ejercicio de identificación y transformación de las formas de imperativo de manera contextualizada. Puede hacerse con la participación de toda la clase y explicando los puntos que puedan presentar problemas.

El cuadro de **Gramática**, relativo al uso del subjuntivo para expresar deseos o consejos, va seguido del ejercicio de prácticas número **4.**

4. ¿Qué quiere, desea o aconseja la Compañía de Gas? Escribe una frase que resuma tales deseos o consejos.

Ejemplo:

1. No permita que los niños jueguen con los aparatos que funcionan con gas.

- *La Compañía de Gas desea/quiere que no se permita a los niños jugar con los aparatos que funcionan a/con gas.*

Este ejercicio puede también realizarse en grupos primero, y luego, hacer que cada grupo lea sus frases y corregirlas con la participación de toda la clase.

5. **En parejas: Buscad en el texto del ejercicio 2. las palabras que corresponden a estas definiciones:**
Actividad de ampliación léxica mediante identificación de definiciones en el texto anterior:

1. Pulsar las teclas o botones correspondientes a una secuencia de números: **marcar**.
2. Tener entrada o acceso a un lugar o situación: **acceder**.
3. Bajar algo o desprenderlo del lugar en que estaba: **descolgar**.
4. Aparato receptor del sonido: **auricular de teléfono.**
5. Que tiene acceso a servicios por los cuales paga una cantidad: **abonado**.
6. Conjunto de números necesarios para tener acceso a la línea telefónica: **código**.
7. Pieza que permite poner en marcha o parar un mecanismo: **botón**.
8. Presionar (con la yema de los dedos): **pulsar**.

Las explicaciones sobre el uso de *saber, conocer* en **Se dice así** van seguidas de un ejercicio práctico:

6. **Completa con** *saber* **o** *conocer.*

1. Carmen está muy bien informada: y además, **conoce** a todas las participantes del concurso.
2. Está delgado porque vive solo y no **sabe** cocinar.
3. ¿**Sabes** nadar?
4. Los niños siempre **conocen** a sus madres.
5. Ricardo **conoce** muy bien a esa familia.
6. Los caramelos que me compraste **saben** a menta.
7. ¿**Sabe** tu mujer que nos ha tocado la lotería?
8. Acaba de empezar en la universidad y aún no **conoce** bien a sus profesores.

7. **Pronunciación.**
La **b** y la **v** se pronuncian de igual manera. Por esa razón es muy común que se cometan errores ortográficos al escribir palabras con estos sonidos. En este ejercicio se anotan algunas reglas básicas sobre el uso de una u otra grafía. Aunque el tema requiere mucha práctica, es conveniente llamar la atención sobre este punto ya desde el principio.

EN BUSCA DE LA PALABRA

Con la ayuda de un diccionario, busca las palabras opuestas.
Actividad léxica que implica el uso del diccionario monolingüe. La búsqueda puede hacerse individualmente, preferiblemente en casa. Luego se comunican los resultados a la clase y se comentan las diferentes soluciones aportadas. Adviértase que puede haber opuestos claros en la mayoría de los casos, como **quitar/poner, preguntar/responder...**, pero también algunos con más posibilidades y matices, como **recoger/tirar, desparramar.** El *Gran Diccionario de la Lengua Española*, de la editorial SGEL S.A., contiene una lista selecta de sinónimos y antónimos en todas las voces de importancia.

Bloque 4º. VARIANTES USUALES DEL LENGUAJE
• •

El lenguaje en los folletos de instrucciones en España y en Argentina.
Son documentos auténticos en los que pueden percibirse algunos contrastes lingüísticos en la expresión de instrucciones a través de folletos.

TEXTOS
Texto literario de Miguel Ángel Asturias: *El Hombre que lo tenía Todo, Todo, Todo.*
A pesar de la sencillez del texto, lo cual hace aconsejable su lectura y análisis en clase, no se dejen de tener en cuenta las recomendaciones dadas en la introducción sobre la utilización de este apartado, que ha de ser siempre de carácter complementario.

UNIDAD DE REVISIÓN Y AUTOEVALUACIÓN (5-8)

Solucionario

NOTA: Los ejercicios precedidos de un (*) pueden ser respondidos con frases parcialmente variadas. Lo sugerido aquí es, por tanto, aproximado.

I. Comprensión oral

1. Escucha y elige el título más apropiado.

TEXTO GRABADO:

De las 250.000 especies de plantas que conocemos, unas 160.000 se encuentran en los bosques tropicales. El 40% de todas nuestras medicinas proceden de ellas.

Los indios de la selva de la zona norte del Amazonas utilizan más de 1.000 especies de plantas para tratar sus enfermedades. En el resto del mundo, y especialmente como medicina, los indígenas conocen más de 3.000 especies diferentes. Sin embargo, ya sólo queda el 50% de los bosques tropicales.

Solución: a) Plantas útiles para la salud

2. Anota con letras las cantidades que se mencionan.

TEXTO GRABADO:

Andorra está a 622 km de Madrid, 220 de Barcelona y 153 de Lérida.
La única carretera que lleva a Andorra desde España es la carretera 145.
El Hotel Plaza es el más lujoso de Andorra; cuesta entre 14.000 y 18.000 ptas la habitación doble por noche.
Para más información llamar a la Oficina de Turismo del Principado de Andorra: 9-7-3-8 2-0-2-1-4.

Solución: seiscientos veinte y dos, doscientos veinte, ciento cincuenta y tres, ciento cuarenta y cinco, catorce mil, dieciocho mil, nueve, siete, tres, ocho, dos, cero, dos, uno, cuatro.

3. Escucha y anota V (verdadero) o F (falso).

TEXTO GRABADO:

El Empire State Building no fue el primer rascacielos, pero sí el más alto del país, con sus 381 metros de altura. Chesterton decía que la palabra rascacielos es por sí misma una típica mentira americana, y, aunque muchos relacionan el origen de estos gigantescos edificios con el hecho de que Manhattan sea una isla, sin otro terreno para extenderse que el que conduce hacia el cielo, el primer rascacielos no se construyó en Nueva York sino en Chicago, el Talcoma Building. Fue allí también donde se levantó el edificio que dejó al Empire sin su corona, el Sears Tower, de 442 metros de altura. Y más tarde fueron las Torres Gemelas, con sus 412 metros, las que quitaron al Empire el segundo lugar, quedando éste en un tercer puesto.

Solución: a) F; b) V; c) F; d) V; e) F.

4. Escucha y anota qué cambios de alimentación suelen introducirse en verano.

TEXTO GRABADO:

Tanto en invierno como en verano es necesario seguir una alimentación variada y tomar alimentos de todas las clases:
- leche y productos lácteos
- carnes, pescados y huevos
- cereales y legumbres.

Pero dado que los alimentos se pueden combinar de muy variadas maneras para conseguir una alimentación sana, es lógico que durante los meses de calor consumamos más productos del tiempo, con mejor sabor y precio más bajo.

También es lógico aumentar el consumo de alimentos tales como frutas, ensaladas, helados..., pero siempre evitando cambios bruscos en la alimentación.

Solución: Productos del tiempo, frutas, ensaladas, helados.

5. Escucha y señala qué objeto no se nombra en la grabación.

TEXTO GRABADO:
Artículos fabricados a mano:
Alfombra, 4.000 ptas. El 23.
Sillón de cuero, 5.000 ptas. en Cayetana y Maite.
Bolsa de viaje de algodón 100%, muy resistente, 4.200 ptas. en Coronel Tapioca.
Zapatos, 6.500 ptas. en La Tuya.
Pendientes de oro, 12.000 ptas. en Mediometro.
Sombreros, 3.000 ptas. en Zurbarán 16.

Solución: Bolso de mano.

II. Comprensión escrita

1. Relaciona las frases de cada columna.

Solución: a) 3; b) 1; c) 5; d) 2; e) 4.

2. Lee el texto siguiente y anota V (verdadero) o F (falso).

Solución: a) F; b) V; c) F; d) F; e) F.

3. Ordena las frases siguientes hasta obtener el relato original.

Solución:

Para los pequeños mineros de Guayana, Las Claritas es, desde hace muchos años, la capital de los buscadores de oro. A este lugar llegan aquellos que, en sus sueños, buscan ser ricos. Buscan éstos las historias y esos cuentos en los que los héroes encuentran mucho oro y que pasan de unos a otros. En Las Claritas, en los años ochenta, todos vivían de una estación de servicio donde compraban gasolina los mineros y de un hotel -restaurante.

4. Señala a qué ámbito se refieren las instrucciones siguientes.

Solución: a) Carretera; b) Teléfono público; c) Prenda de vestir; e) Playa.

5. Lee el texto siguiente y anota a qué objeto se refiere.

Solución: Frigorífico.

III. Expresión oral y escrita

*1. Escucha y responde a las preguntas según tu opinión.

TEXTO GRABADO:

- ¿Qué dicen los científicos de la capa de ozono?
- ¿Es posible que la falta de árboles produzca algún cambio? ¿Cuál?
- ¿Consideras positivas las acciones de Greenpeace?

Solución:

a) Dicen que la capa de ozono es cada vez más pequeña; b) Por supuesto. El más peligroso es el aumento de la temperatura; c) Considero que Greenpeace está actuando muy positivamente en favor del medio ambiente y de la humanidad.

*2. Escucha las situaciones siguientes y da consejos/instrucciones adecuados.

TEXTO GRABADO:
- ¿Qué debo hacer para tomar el sol sin peligro?
- ¿Qué no debo hacer al pasear por un parque o jardín?
- ¿Qué tengo que hacer para mantenerme en forma?
- ¿Qué he de hacer antes de salir de casa?

Solución:

a) Toma el sol poco a poco y utiliza alguna crema protectora; b) No debes pisar el césped ni tirar papeles; c) Tienes que hacer deporte y no fumar; d) Has de apagar las luces y cerrar bien la puerta.

*3. Escribe las cinco máximas de un ecologista.

Solución: a) No utilizar bolsas de plástico; b) Separar el vidrio, las pilas y el papel de la basura para su reciclaje; c) Gastar poca agua; d) Utilizar la bicicleta y el transporte público; e) No comprar artículos que contengan gases CFC.

*4. Cuenta a un/una amigo/a cómo fue tu primer viaje al extranjero (utiliza los conectores siguientes: *por tanto, porque, ya que, de ahí que, en consecuencia, debido a*).

Solución:

> *Madrid, 2 de marzo de 1994*
> *Estimado Luis:*
> *¿Qué tal, cómo estás?*
> *Yo estoy estudiando muchísimo, tengo bastantes exámenes y quiero aprobarlos todos para que mis padres me dejen volver a visitar a mis amigos Jean y Jacques en Francia. Como ya sabes, estuve allí el año pasado. Fue mi primer viaje al extranjero. Fue fantástico.*
> *Hace más fresquito que aquí en España, ya que Francia está algo más al norte. Debido a la cercanía del mar, teníamos que ponernos un jersey para salir por las noches.*
> *¿No te apetece venirte a Francia este verano? Creo que te lo pasarías muy bien, porque tú eres una persona muy alegre y divertida. Decídete y escríbeme, ya que hay que reservar los billetes lo antes posible.*
> *¡Hasta pronto! Un abrazo*
>
> *Julio*

5. Escucha, calcula las cantidades y escribe los resultados en letras.

TEXTO GRABADO:
- *Ciento dos más mil quinientos veinte.*
- *Doce mil doscientos tres menos dos mil doscientos cuatro.*
- *Trece más dos mil menos mil ochocientos setenta y tres.*

Solución: a) mil seiscientos veintidós; b) diecinueve mil novecientos noventa y nueve; c) ciento cuarenta.

IV. Gramática y léxico

1. **Completa con la forma adecuada del verbo entre paréntesis.**

   Solución: a) se preocupen; b) vean; c) quede; d) guste: e) callaras/callases.

2. **Completa con el adjetivo/pronombre posesivo adecuado.**

   Solución: a) sus; b) tus, suyos; c) vuestras; d) sus; e) su, nuestra.

3. **Transforma estas frases en pasivas.**

   Solución:
   a) El tema fue explicado por la profesora; b) La pared está siendo pintada por Juan; c) El museo será visitado mañana por los niños; d) Un coche usado fue comprado por Marta; e) Un león fue visto a lo lejos por el jefe de la expedición.

4. **Completa con la preposición adecuada.**

   Solución: a) por/de; b) a; c) a; d) a; e) a; f) de; g) a; h) en; i) en; j) a.

5. **Comprueba cuáles de las definiciones siguientes no son correctas (utiliza un diccionario).**

   Solución: a); b); f).

UNIDAD 9 *No importa*

ÁREA TEMÁTICA:	Sociedad de consumo: los anuncios publicitarios.
APRENDERÁS A:	Comprender el lenguaje publicitario. Expresar aprecio, calidad, la importancia o valía de algo. Establecer comparaciones. Expresar igualdad, indiferencia, preferencia.
GRAMÁTICA:	Términos comparativos *(Igual, diferente, lo mismo, mejor/peor que, etc.)*. *Importa, no importa.* Uso del subjuntivo con *Es igual que..., Es lo mismo que..., Da igual que..., Es indiferente que...*
ORTOGRAFÍA Y PRONUNCIACIÓN:	El hiato y los diptongos.
VARIANTES USUALES DEL LENGUAJE:	De compras: expresiones propias del vendedor y del comprador.
TEXTOS:	Artículo del periódico *La Nación*, Buenos Aires, Argentina.

Bloque 1º. SITÚATE

1. En grupos: ¿Qué pensáis de la publicidad?

El objeto de esta actividad es propiciar que los alumnos se sitúen dentro del contexto "funcional" de la unidad: los anuncios publicitarios. Las respuestas a las distintas preguntas formuladas pueden hacerse primero por escrito, para leerlas luego a toda la clase y comentar las opiniones. Unos diez minutos serían suficientes para entrar en materia.

2. Escucha estos dos anuncios publicitarios.

Actividad de audición y exposición comprensiva a la lengua oral. En esta primera audición los alumnos deben concentrarse en una comprensión global de lo oído.

3. Lee y escucha de nuevo.
a) Resume en una frase el mensaje del anuncio de a):
b) Resume en una frase el mensaje del anuncio de b).

Una segunda y/o tercera audición deben conducir a la solución de lo exigido en este ejercicio: resumir el contenido de cada anuncio en una frase. Por ejemplo:

a) Los niños y las niñas son personas libres y deben ser respetados.
b) "Caralúcida" es una crema ideal para todo tipo de piel.

La búsqueda de una frase-resumen y los comentarios sobre las diferentes soluciones aportadas exigirán la revisión del texto, especialmente en cuanto al léxico.

4. En grupos:
a) Revisad el contenido de cada uno de los anuncios y anotad:
    - aspectos positivos.
    - aspectos negativos.
b) Comunicad vuestras conclusiones al resto de la clase.

Ahora se pide una comprensión específica del texto anterior y, además, reutilizar algunos elementos lingüísticos relativos a los aspectos positivos o negativos detectados.
La explicación de los resultados a la clase implica la práctica de la expresión oral.

5. a) Explicad el significado de las siguientes palabras o expresiones en los anuncios anteriores.
Ejercicio de identificación y ampliación léxica contextualizada. Puede utilizarse un diccionario si el profesor lo considera conveniente.

b) Traducidlas a vuestro idioma. La traducción no debe descartarse como una técnica más, entre otras, para aprender nuevas palabras y consolidarlas mediante el contraste con la lengua nativa de los alumnos.

En **Se dice así** se exponen algunas estructuras para expresar indiferencia, igualdad. Tras una breve explicación de lo expuesto en el recuadro, se pasará a la siguiente actividad.

6. Subraya en los textos anteriores las frases en las que se expresa - comparación, - diferencia o - igualdad.
Se trata de identificar las estructuras anteriores dentro de un contexto. Ejemplos:
No importa si es niño o niña. No importa, el tipo de piel es indiferente para "Caralúcida", etc. = indiferencia de un rasgo respecto a la igualdad.

7. Completa estas frases, extraídas de anuncios publicitarios.
Completar las frases exigirá, de acuerdo con los objetivos de este bloque 1º, la utilización de elementos para expresar comparación, igualdad, etc. Ejemplo:

a) 1. *La calidad es tan alta* que el nuevo producto le convencerá.
2. *No solamente es la mejor crema*, sino que también es la más económica, etc.

b) 1. Cuando lo pruebes, *ya no serás indiferente.*
2. Por su precio, es la mejor solución y *da lo mismo que los anuncios digan lo contrario,* etc.

Bloque 2º. ¡ADELANTE!

● ●

1. Compara estos objetos o sus cualidades, estado, etc., entre sí.
Práctica con estructuras de comparación sobre elementos visuales:

Ejemplo: *Este coche es más viejo/antiguo que aquél, etc.*

2. Completa con elementos de comparación (*tan/tanto/de tal... que/como*).

1. La libertad es **tan** necesaria para los niños **como** para los padres.
2. El amor a los hijos es **tanto** una necesidad **como** un deber.
3. El acabado de esta máquina es **tan** perfecto **como** útil.
4. Esta crema suaviza **de tal** manera **que** usted se enamorará de ella.
5. No importa **tanto** su sabor **como** su olor.
6. El clima es **tan** agradable **que** paso horas sentada en el balcón.
7. Se preocupa por sus amigas **tanto como** por sus propios hijos.
8. Es **tan** inteligente **como** sus padres.

3. Escucha y lee este texto: Subraya las diferencias entre lo que oyes y lo que lees.
Es un ejercicio de audición con el fin de desarrollar la capacidad de identificación de elementos lingüísticos dentro de un contexto. Las diferencias de lo oído respecto a lo que figura en el libro del alumno están subrayadas. La audición se repetirá dos veces.

TEXTO GRABADO:
Más allá de los sentidos están las sensaciones. La sensación de controlar una máquina <u>tecnológicamente</u> perfecta. La sensación de seguridad que proporciona llevar las riendas de un motor V6. Con un simple botón es posible controlar <u>tanto</u> la velocidad <u>como</u> la amortiguación. De <u>igual</u> manera se puede controlar la altura de la carrocería, según las condiciones de la carretera y su <u>propio estilo</u> de conducir. Y en el interior, el silencio. ¿Ruidos en el exterior? <u>Da igual</u>: el silencio dentro de un "Revol" sólo se rompe con la música de su compact disc. No se preocupe usted por nada: el ordenador de a bordo lo controla todo periódicamente, <u>desde</u> el ABS y

la dirección asistida <u>hasta</u> el cierre de las puertas. El "Revol" es diferente porque es algo más que una simple máquina para desplazarse: es una sensación, <u>como la que se siente</u> al sentarse sobre cuero y nogal, al regular electrónicamente el asiento, al percibir el frescor de una climatización independiente para cada pasajero. "Revol" <u>no es lo mismo</u>. Acérquese a verlo y se convencerá.

4. Reacciona con una expresión del recuadro para cada frase.

1. El coche no es nuevo, pero no tengo dinero para comprar otro mejor: *¡Qué más da!,* etc.

Se dará variedad en el uso de unas u otras expresiones para cada frase. Es importante, sin embargo, explicar las diferencias o los matices en caso de respuestas variadas.

5. Completa estas frases con información del texto anterior:
El ejercicio tiene como finalidad revisar el texto anterior y comprenderlo bien. Completar las frases siguientes exigirá una comprensión específica de cada párrafo.

1. Apretando un botón podemos *controlar la velocidad / tanto la velocidad como la amortiguación,* etc.
Adviértase que el anuncio se refiere a un coche y supone el aprendizaje de palabras un poco especializadas. Probablemente muchas de ellas son útiles en la sociedad actual.

En el cuadro de **Gramática** se recuerda el uso de las formas de subjuntivo en determinados contextos. Siguen dos ejercicios de práctica.

6. Transforma estas frases según el modelo.
Puede ser nuevo o viejo.
- *Es igual que sea nuevo o viejo.*

Este ejercicio de transformación puede hacerse individualmente primero y corregirse posteriormente con la participación de toda la clase.

7. Completa con el verbo en la forma adecuada.

1. No importa que **sea** niño o niña.
2. Es igual que los anuncios **convenzan** o no a la gente.
3. Da lo mismo que lo **compre(n)** de color blanco o rojo.
4. Es indiferente que lo **digas** tú o tu profesor.
5. Me da igual que mis padres me **regalen** una cartera o un bolso.
6. No importa que los relojes **cuesten** mucho o poco; me importa la calidad.
7. Da lo mismo que usted **se preocupe** o no.

Bloque 3º. EN MARCHA

1. Escucha y anota.

Actividad de audición y comprensión oral. Se repetirá dos veces la audición con el fin de responder adecuadamente a las tres preguntas formuladas.

TEXTO GRABADO:
Antes podía imaginarse una fracción de segundo. Ahora puede verla.
Final de los 100 metros lisos de los Terceros Campeonatos Mundiales de Atletismo. Nuevo récord. Y sólo 6 centésimas de segundo separaron a los 4 primeros atletas. Una vez más, la tecnología de "Redig" marcó la diferencia. El estreno de nuestro Vídeo 1000 HD, capaz de medir hasta milésimas de segundo, introdujo el cronometraje deportivo en una nueva era con la precisión y velocidad de un fuera de serie.

Tecnología que usted puede vestir en su muñeca gracias al extraordinario cronógrafo de "Redig", nuestra última innovación. Con cronómetro segundero y cronoesfera mide incrementos de centésimas de segundo utilizando la más pura tradición analógica. Un reloj de pulsera diseñado para ofrecer elegancia y resistencia. Por eso está equipado con una exclusiva caja deportiva sumergible hasta una presión de 15 bares. Si es usted joven, no se preocupe: "Redig" está concebido para durar toda la vida; siempre será igual, pero siempre será diferente. Desde luego nunca será lo mismo llevar un "Redig" en su muñeca. Cuando el tiempo es lo esencial, importa mucho contar con "Redig". En realidad "Redig" es lo único que importa.

Nota: un **fuera de serie**: extraordinario, extraordinariamente bueno.

2. Escucha, lee y completa el texto.

La audición anterior tenía como objetivo la comprensión. Ahora se busca la identificación de algunos elementos extraídos del texto.

3. En grupos: a) Pensad en situaciones en las que podáis decir.

Lo importante de expresiones fijas o estereotipadas es que se dicen solamente en determinadas situaciones. Con la ayuda de lo expuesto en esta unidad los alumnos deben ser capaces de pensar en una o más situaciones para cada frase, según las funciones lingüísticas propias de esta unidad. Ejemplo:

1. ¡Qué más da!: Quiero hacer un viaje a Chile, pero tengo dinero solamente para ir a Venezuela y en realidad los dos países me gustan. No me importa más uno que otro. Es igual viajar a uno u a otro.

El significado de **Me da igual, No me importa, Es lo mismo, Es indiferente** es similar. El uso de una u otra forma se debe a cuestiones de estilo o de situación (grado de familiaridad, coloquial/formal...).

b) Anotad estas situaciones y explicad cada una de ellas al resto de la clase.

4. En parejas: a) Explicad el significado de estas expresiones, que aparecen en el ejercicio 2. (buscad ayuda en un diccionario, si es necesario).

Se trata de una actividad de ampliación léxica que conviene hacer con la ayuda de un diccionario. Éstos son los significados menos usuales:

un fuera de serie: extraordinariamente bueno, excelente.
importa mucho contar con Redig: es muy importante contar con Redig.
marcó la diferencia: dejó patente la diferencia.
vestir en su muñeca: llevar en su muñeca como algo valioso.
la más pura tradición: una tradición auténtica.

b) Traducidlas a vuestro idioma y leedlas a la clase. Contrastad las diferencias.

5. En parejas: Leed este anuncio, resumid el contenido y explicad el mensaje a la clase.

Actividad de comprensión lectora. El trabajo se hará primero individualmente. Sería preferible explicad los problemas de comprensión, especialmente léxicos, durante la exposición que haga cada pareja al resto de la clase.

6. En grupos: a) Escribid un anuncio para vender este ordenador portátil, con las siguientes sugerencias y características.
b) Leed vuestro anuncio a la clase.

Se trata ahora de utilizar lo aprendido a lo largo de la unidad. El anuncio escrito por cada grupo se leerá y corregirá en clase.

7. Ortografía y pronunciación.

Ejercicio de exposición a las secuencias vocálicas, identificación de diptongos o hiatos y consolidación mediante repetición de lo oído.

EN BUSCA DE LA PALABRA

a) **Explica, con la ayuda de un diccionario, las diferencias entre cada par de palabras.**
b) **Completa estas frases con alguna sde las palabras anteriores.**

Tanto **a)** como **b)** requieren la ayuda de un diccionario monolingüe. El uso del diccionario es el objetivo de esta actividad.

1. Mi **sueldo** anual es de 4 millones de pesetas.
2. ¿Se ha **acabado** la fruta? ¿Sí? Entonces tenemos que comprar más.
3. No laves esta falda en la lavadora. Es un tejido muy **delicado.**
4. Ahora no tengo ganas de salir: he jugado al tenis y estoy muy **cansado.**
5. No busques por aquí. Ella suele guardar el dinero **dentro del** armario.
6. Los ejércitos tienen la obligación de **defender** a la patria.
7. Vi a Marta. En realidad la encontré en la calle por **casualidad.**
8. Si quieres tener éxito, debes **organizar** tu vida.
9. ¿Has **ordenado** las fichas por orden alfabético?
10. Acostumbra a **guardar** el dinero en el Banco.

Bloque 4º. VARIANTES USUALES DEL LENGUAJE

Algunas variantes en las expresiones habituales para comprar en España y en Argentina.

TEXTOS

Se ofrece un texto periodístico extraído de **La Nación** (Argentina) y relacionado con los anuncios publicitarios.

Conviene recordar que los textos de esta sección tienen carácter totalmente complementario y el profesor debe valerse de su propio criterio para decidir cómo trabajar con ellos en clase. En cualquier caso, no se olvide que el contacto con textos auténticos suele ser positivo para incentivar la motivación de los alumnos. No obstante, hay que tener en cuenta que, si la dificultad aumenta, es más necesaria la ayuda del profesor.

UNIDAD 10 *Aunque estuviera cansado....*

ÁREA TEMÁTICA:	Usos y costumbres.
APRENDERÁS A:	Expresar concesión, temporalidad. Relacionar hechos en distintos períodos de tiempo.
GRAMÁTICA:	Usos del subjuntivo en oraciones concesivas y temporales. *Cuando* + indicativo /subjuntivo. Derivación mediante sufijos (**-ito/a, -ería**).
ORTOGRAFÍA Y PRONUNCIACIÓN:	Entonación en oraciones complejas, con pausas intermedias.
VARIANTES USUALES DEL LENGUAJE:	Expresiones usuales en México y sus equivalentes en España.
TEXTOS:	Fragmento de *Arráncame la vida*, de Ángeles Mastretta.

NOTA:

Adviértase que en esta unidad la temática está centrada en México. En consecuencia, los textos y algunos de los términos a los que se enfrentará el alumno son propios de este país hispanoamericano.

Bloque 1º. SITÚATE

1. **En parejas:**
   a) Escribid el nombre de cada país en la zona geográfica que corresponda.
   b) Comprobad los resultados con el resto de la clase.
   La actividad se hará en grupos o en parejas. Un grupo comunicará sus resultados a la clase y se comentarán o discutirán los resultados. La duración no debe sobrepasar los 8 o 10 minutos y servirá de contextualización al tema de la unidad, centrado en Hispanoamérica.

2. **¿De qué nacionalidad...? Relaciona cada país con la nacionalidad que le corresponda.**
   Este ejercicio complementa el anterior y servirá de revisión y consolidación en lo referente a los nombres de los países de habla hispana y las correspondientes nacionalidades.

3. **Escucha y lee.**
   Actividad de comprensión oral y escrita. En una primera audición, seguida de la lectura, se buscará la comprensión del texto sin entrar en detalles. Algunas palabras son propias de México: *chamaca (muchacha), chaparrita (bajita de estatura), vochito (coche pequeño), enfilaron (se dirigieron), carrito (coche), banqueta (acera).*

4. **Completa estas frases con información del texto.**
   Completar las frases con información del texto exigirá la vuelta al texto leído anteriormente en busca de información específica y obligará al alumno a reutilizar los elementos pertinentes. Se trata, por tanto, de reconocer información y ser capaz de volverla a utilizar autónomamente.

Ejemplo: *1. En el aeropuerto Benito Juárez había muchas chamacas que saludaban a la selección mexicana de fútbol.*

5. **Estas palabras aparecen en el texto del ejercicio 3; búscalas y elige el significado correcto.**

papeleta: a) trozo de papel pequeño con algún dato de interés.
pachanga (Méx.): b) fiesta.

banqueta (Méx.): b) acera (parte de la calzada por donde transitan los peatones).
pandilla: b) grupo de personas que se unen para un fin.
chamaca (Méx.): a) niña o muchacha joven.
cartel: a) papel colocado en un lugar público para anunciar o dar a conocer algo.
enfilaron: b) se dirigieron hacia un lugar o punto determinado.
curiosos: b) que sienten interés por saber o ver algo.
chaparrita (Méx.): a) persona baja y gordita.

El profesor explicará brevemente las observaciones contenidas en **Se dice así**, que luego se practican en el siguiente ejercicio:

6. Completa con *buen* o alguno de los verbos siguientes en la forma y tiempo adecuados (*estar, ser, seguir*).

1. Juan **estaba** alegre porque su prima le esperaba en el aeropuerto.
2. Xóchitl todavía no **estaba** casada; **era** muy joven aún.
3. Cuando dejaron el aeropuerto las chamacas **seguían** cantando y divirtiéndose.
4. En el cartel **estaba** escrito: "JUAN".
5. Sin pensarlo más, un **buen** día subió al avión, con destino a México.
6. Juan **seguía** sin hablar: su prima **estaba** callada, conduciendo con mucha atención.
7. Xóchitl le **estaba** esperando, sonriente.
8. Juan **seguía** escribiendo una carta al mes. No podía olvidarla.

Bloque 2º. ¡ADELANTE!

● ●

Conviene que el profesor comente y explique con brevedad y claridad el uso de los tiempos verbales en las oraciones temporales y concesivas, tal cual se presentan en el recuadro de **Gramática**. Nótese que los ejemplos siempre están extraídos del contexto introducido en el bloque 1º. Es importante que las explicaciones hagan referencia al uso real.

1. Transforma estas frases según el modelo.
En este ejercicio de transformación se practica con el uso de las oraciones temporales introducidas con *cuando*.

2. Completa estas frases.
Este ejercicio, en el cual se da ya la oración subordinada o la principal, introduce un mayor grado de libertad y creatividad en la posible respuesta. Cada una de las frases completadas debe leerse para toda la clase y comentar si es adecuada y correcta o no.

Ejemplo: 1. Aunque tiene dinero, *no viaja mucho / va siempre a pie al trabajo*, etc.

3. Haz frases que expresen tiempo con elementos de cada columna y usando *cuando*.

Ejemplo: *Cuando llega/llegó, etc., el invierno, Ricardo se compra/compró, etc., un abrigo.*

Los alumnos deben organizar y utilizar algunos de los elementos dados para construir frases correctas, según lo especificado en el modelo. Es aconsejable que cada alumno/a escriba un mínimo de cuatro o cinco, las lea luego a la clase y se corrijan con la participación de la clase.

4. Escucha y completa el texto con las palabras del recuadro.
Actividad de audición con el fin de identificar elementos lingüísticos dentro de un contexto más amplio. La audición y lectura puede repetirse dos veces, antes de comentar lo que cada uno ha sido capaz de hacer. Al mismo tiempo que se comentan las soluciones aportadas, el profesor debe asegurarse de que el texto ha sido comprendido adecuadamente, especialmente en cuanto al léxico utilizado. Algunas palabras propias de México: **gachupín** (español venido de la Península), **tlacoyo** (tortilla de maiz rellena, generalmente, de frijoles), **frijoles** (habas, alubias).

TEXTO COMPLETO:

- "¿Este es tu primo gachupín?", preguntó a Xóchitl un muchacho que trabajaba en la tortillería de al lado.
- "No le hagas caso, Juan. Son unos majaderos". Y empujó a su primo hacia el interior de la casa. En la casa esperaban don Pancho y doña Eduviges, padres de Xóchitl, quienes lo recibieron con un par de abrazos y con la mesa servida de exquisitas garnachas y antojitos. Juan se sentó a la mesa, aunque todavía no había tenido ni tiempo ni ocasión de expresar palabra alguna. Más por cortesía que por ganas, se llevó a la boca un delicioso tlacoyo de frijoles adornado con crema, cebollita picada, queso rallado y salsa verde. Juan había leído y oído mucho sobre lo picantes que eran las comidas mexicanas. Pero nunca había podido imaginarse la realidad: el picor del tlacoyo hizo que la piel de su cabeza comenzase a sudar, a la vez que vapores y sofocos comenzaron a brotarle de sus orejas. Xóchitl, que no dejaba de observarle y mirarle a la cara, no pudo contener una sonrisa maliciosa, aunque se atrevió a decirle que no se preocupara, que no era nada, que la comida mexicana era así de picante... Y ella misma se comió otro tlacoyo, sin que diera muestras de que el picante le afectara en lo más mínimo. Cuando llegó la hora de irse a dormir, Juan Pérez se sintió aliviado; aunque empezó a sospechar que la experiencia mexicana solamente acababa de empezar...

5. Revisa el texto y anota las formas de infinitivo que corresponden a las siguientes formas verbales.

Se trata de formas verbales con alguna irregularidad. Debe servir de revisión, puesto que todos estos casos ya han sido estudiados en el Nivel I.

se sentó	se sintió:	**sentarse / sentirse (e > i)**
hagas	había leído:	**hacer / leer (c > g; leído)**
había oído	se comió:	**oír / comer (oído; se + V)**
diera	pudo:	**dar / poder (diera; o > u)**
se atrevió	hizo:	**atreverse / hacer (se + V; c > z)**

En **Aprende a aprender** se sugiere una ampliación del tema, revisando otros tiempos verbales con variantes o irregularidades. A tal fin sería recomendable que los alumnos consultasen una gramática de español.

6. En parejas: Explicad el significado de estas frases o expresiones (del texto anterior).

Se trata de un ejercicio de ampliación léxica en el que se pide, además, que los alumnos reformulen frases valiéndose de palabras equivalentes. Caben reformulaciones variadas:

Ejemplo: *... que trabajaba en la tortillería:* era un trabajador que hacía tortillas en la tienda/casa de al lado, etc.

Tras las explicaciones sobre sufijos derivativos (**Gramática**) sigue un ejercicio práctico sobre el tema:

7. a) Revisa los textos de esta unidad y subraya todas las palabras que sean derivadas de otras.
b) Con la ayuda de un diccionario si es preciso, escribe la palabra de la que deriva y la forma o sufijo añadido.

Actividad de ampliación léxica que puede hacerse primero en parejas, comentándose luego los resultados con la participación de toda la clase:

Ejemplos: tortillería *(de tortilla)*   cebollita *(de cebolla)*
         papeleta *(de papel)*   chaparrita *(de chaparra)*
         carrito *(de carro)*   banqueta *(de banco)*
         pandilla *(de panda)*

8. Forma derivados de:

Primero cada alumno anota los derivados que sea capaz de encontrar. Luego cada uno comunicará sus derivados a la clase y se comentarán y contrastarán con otros.

pan:	**panadería,**	pastel:	**pastelería**
chico:	**chiquillo,**	muchacha:	**muchachita**
banco:	**banqueta, banquillo,**	florista:	**floristería**
victoria:	**victorioso,**	zapato:	**zapatería**

pescado:	**pescadería,**	México:	**mexicano**
España:	**españolito,**	Argentina:	**argentino**
prima:	**primita,**	malicia:	**malicioso**
sonrisa:	**sonrisita,**	palabra:	**sonrisita, palabrita**

Bloque 3º. EN MARCHA

• •

1. **En grupos:**
   Imaginad lo que pudo ocurrirle a Juan la primera noche que pasó en casa de los padres de Xóchitl, anotadlo por escrito. y comunicadlo a la clase.
   En esta actividad los alumnos no solamente deben poner en acción su capacidad para formular frases en español, sino también ser creativos en las ideas; es decir, deben ser imaginativos.
   Es importante que toda la clase participe en la valoración de las ideas expuestas por cada grupo.

2. **Escuchad y leed atentamente este texto.**
   Audición y lectura comprensiva. Insístase especialmente en la comprensión del léxico. Como en los textos anteriores, hay algunas palabras propias de México (*recámara* = habitación; *torta, taco*).

3. **Resumid las experiencias de Juan en casa de Xóchitl: por la noche., en la floristería, con el regalo a su prima.**
   El ejercicio exige la activación de la expresión escrita y/o oral, al mismo tiempo que supone la identificación de información en el texto anterior. Haciendo este ejercicio se revisará y consolidará la comprensión lograda en el ejercicio **2.**

   En la **Gramática** se explica con ejemplos contextualizados que las oraciones temporales deben ir con subjuntivo si se refieren a acciones no reales o no realizadas. Luego se practica en el ejercicio siguiente.

4. **¿Qué consejos darías a Juan para disfrutar de una feliz estancia en México?**
   Usad frases con *aunque, cuando...*
   - Aunque la comida sea picante, debe comer algo.

Ejemplo: *- Aunque el aeropuerto sea nuevo, es insuficiente para el tráfico que tiene.*

5. **Completa estas sugerencias, para ayudar a Xóchitl.**
   Las frases pueden completarse de maneras diversas. Aprovéchese para comentar las diferentes sugerencias de los alumnos, aunque prestando siempre atención a los tiempos verbales utilizados:

   1. Aunque Juan quiera beber tequila, conviene que *no beba demasiado/sea prudente, etc..*

6. **Completa estas frases con el verbo en indicativo o en subjuntivo, según los casos.**
   Ejercicio en el que se contrasta el uso del subjuntivo e indicativo:

   1. Cuando **vengas** a verme, no me saludes desde la calle.
   2. Cuando mi prima me **escribe**, siempre lo hace en papel de color.
   3. Aunque te lo **suplique** de rodillas, no se lo concedas.
   4. Aunque os **regale** el tocadiscos, es mejor que no lo aceptéis.
   5. Cuando **es** verdad lo que dice, se le nota en la cara.
   6. En cuanto **llega** su amiga, se pone alegre.
   7. Aunque tu hermano **cambie** de trabajo, no logrará nada positivo.
   8. Cuando **se pongan** de acuerdo, que nos lo hagan saber.

7. **Pronunciación.**
   Práctica de entonación en oraciones complejas con pausas intermedias. Los modelos deben oírse y repetirse varias veces.

EN BUSCA DE LA PALABRA

Se recomienda, una vez más, hacer este ejercicio con la ayuda de un diccionario:

barba	poblada
nariz	roma
ojos	verdosos
cabello	lacio
labio	leporino
orejas	grandes
mejillas	coloradas
boca	grande
cráneo	liso
piel	amarilla
mandíbula	robusta
cara	delgada

Bloque 4º. VARIANTES USUALES DEL LENGUAJE

Pueden contrastarse algunas expresiones y voces usuales en México y sus correspondientes en España. Se trata de un ejercicio ilustrativo de las diferencias. Téngase en cuenta que el uso de unos u otros registros no suele ser causa de malentendidos entre los hispanohablantes.

TEXTOS

Texto literario de Ángeles Mastretta, novelista nacida en Puebla (México), en 1949.
El tema es propio de esta ciudad mexicana. Su lectura debe tener, como ya se ha indicado en repetidas ocasiones, un carácter complementario dentro del conjunto de la unidad.

UNIDAD 11 *No sé si...*

ÁREA TEMÁTICA:	La realidad tecnológica.
APRENDERÁS A:	Expresar certeza y seguridad sobre algo.
	Expresar duda, posibilidad, extrañeza.
	Expresar opiniones, referencias, noticias, etc., de manera indirecta.
	Derivación mediante sufijos (-**dor/dora**).
	El discurso indirecto (programa inicial).
GRAMÁTICA:	*Sí, seguro que / Estoy seguro de que...*
	No sé si... / Parece que...
	Dudo que...
	¡Qué raro que...! / Me extraña que...
	Dice / Dijo que...
ORTOGRAFÍA Y PRONUNCIACIÓN:	Separación silábica a fin de línea (I).
VARIANTES USUALES DEL LENGUAJE:	Lenguaje administrativo: modelo de instancia.
TEXTOS:	Fragmentos de *Balada a la bicicleta con alas* de Rafael Alberti y de *Ni pobre ni rico, sino todo lo contrario* de Miguel Mihura.

Bloque 1º. SITÚATE

• •

1. **En grupos: ¿Podríamos imaginarnos el mundo si no se hubiese inventado la rueda? Anotad:**
   a) las cosas , máquinas, etc., que no existirían
   b) las cosas que con toda seguridad no podríais hacer
   c) las cosas que probablemente no podrían hacerse sin la rueda.

   Una vez más pretendemos con esta actividad que la clase se sitúe en un contexto relacionado con el tema de la unidad: la tecnología. Las sugerencias de cada grupo se comentarán brevemente, tratando de introducir algunas palabras relacionadas con la tecnología actual: ordenador, coche/carro, avión, satélite, máquina electrónica, etc.

2. **Escuchad y anotad si estas afirmaciones son verdaderas (V) o falsas (F).**

   Ejercicio de audición y comprensión que servirá para entender mejor el tema de la siguiente lectura, relacionada con la invención de la bicicleta. Conviene que las respuestas se comenten con la participación de todos los alumnos/as. Se sugiere que la clase anote las respuestas dadas a cada afirmación y se decida sobre si son correctas o no después de escuchar y leer el diálogo siguiente (**2.**).

1. Leonardo da Vinci construyó la primera bicicleta con pedales:	F.
2. En 1791 circulaba por París la primera bicicleta con dos ruedas:	V.
3. El manillar lo inventó un inglés en 1839:	F.
4. La bicicleta no es un invento español:	V.
5. No se sabe cuándo se fabricó por primera vez una bicicleta parecida a las de hoy:	V.
6. La bicicleta más barata del mundo cuesta 50 millones de pesetas:	F.

3. **Escucha y lee este diálogo.**

   Actividad de exposición a la lengua oral y comprensión escrita. Serán suficientes dos audiciones para lograr el objetivo. Luego el profesor preguntará a la clase si las afirmaciones del ejercicio anterior son correctas o no, para lo cual deberán revisar el texto y clarificar/consolidar el significado de los párrafos a los que se refieren las seis afirmaciones.

4. Buscad en el texto anterior las palabras que corresponden a este significado.

Ejercicio de ampliación léxica dentro del contexto del diálogo anterior.

1. Pieza cilíndrica y alargada hecha de madera: **barra de madera.**
2. Hacer presión para que algo se mueva en una dirección: **empujar.**
3. Algo que se descubre por vez primera: **invento.**
4. Palanca movida o accionada por el pie y que mueve un mecanismo: **pedal.**
5. Pieza que sirve para guiar una bicicleta: **manillar.**
6. Primer ejemplar de algo, que sirve como modelo: **prototipo.**
7. Representación de algo, que luego puede ser imitado: **modelo.**
8. Quien descubre algo por vez primera: **inventor.**

5. En parejas:
a) Traducid a vuestro idioma estas oraciones:.
b) Comparad el tiempo del verbo español que aparece en cursiva y el tiempo del verbo en vuestra lengua. Luego consultad el recuadro siguiente.

La traducción de estas frases a la lengua materna tiene como finalidad hacer reflexionar a los alumnos sobre el uso de los tiempos verbales en español contrastándolos con el exigido por su lengua. De esta manera se introduce lo que más detalladamente se explica en el cuadro de **Gramática.**

El profesor aprovechara la traducción para comentar y explicar el contenido gramatical relacionado con las estructuras usadas para expresar certeza, duda, etc.

6. Completa estas frases con información del diálogo anterior.

Se pide ahora que los alumnos completen algunas frases referidas al contenido del diálogo precedente. Téngase en cuenta que las estructuras exigidas para completar las oraciones se explicaron en el recuadro gramatical. Las respuestas pueden ser variadas en cuanto al léxico, pero el tiempo verbal está condicionado por lo anotado en cada caso.

Ejemplo: 1. Creo que Leonardo da Vinci *no inventó la bicicleta, pero pensó en ella.*
2. Dudo que la bicicleta *la inventase un español.*
3. Me extraña que en el siglo XXI la bicicleta *deje de usarse*, etc.

Bloque 2º. ¡ADELANTE!
• •

1. Dialoga con tu compañero/a, según el modelo y

2. Cambia estas frases anteponiendo *Dudo que... / Me extraña que...*

El ejercicio **1.**, de transformación, implica el uso del indicativo, mientras el ejercicio **2.** (expresión de duda, extrañeza...) exige el uso de las formas de subjuntivo.
La anotación del recuadro de **Gramática** se practica en el ejercicio siguiente:

3. Pon en forma negativa.

Préstese atención al cambio de indicativo a subjuntivo, exigido por el cambio de una oración afirmativa a negativa.

4. Escucha y completa las formas verbales en su forma adecuada.

Esta actividad pretende concentrar la atención del alumno en los verbos del texto. Por esa razón debe éste completar cada verbo con la forma que oye en cada caso. La corrección puede hacerse entre todos, explicando el profesor algunos usos y aclarando las dudas o preguntas que puedan hacer los alumnos sobre el uso de una u otra forma verbal. Con dos audiciones debería ser suficiente.

TEXTO GRABADO:
"- Coge el teléfono, Marta, que yo no puedo ponerme. Estoy en el baño."
Esta será, en el futuro próximo, la disculpa más habitual que todos utilizaremos para no ponernos al

teléfono cuando llame un amigo o amiga, un desconocido o alguien con quien no nos interesa hablar. Según afirman las empresas de telecomunicaciones, se empezará a implantar muy pronto en los hogares el **videoteléfono**. Cuando queramos hablar con alguien, no solamente oiremos su voz, sino que también veremos su cara, sus gestos, sus ojos... Dudo que el empleado quiera hablar con su jefe si ese día está enfadado. Tendrá que dar alguna disculpa para no hablar, si no está seguro de poder poner buena cara ante la pantalla del videoteléfono. Estoy seguro de que el joven enamorado ofrecerá su mejor sonrisa a la novia que desee verlo antes de irse a descansar. Los anuncios de teléfonos no se referirán a la calidad de la voz ("Clara como el cristal...") sino a la calidad de la imagen. "Mírame cuando te hable", dirá la madre al hijo o el novio a la novia, o el padre a la hija. Seguro que el teléfono pasará pronto a la historia. No es de extrañar que la imagen con voz reemplace a la voz sin imagen.

5. **En grupos:**
   a) **Subrayad en el texto anterior todas las frases que expresen duda., opinión, seguridad.**
   b) **Escribid otras tantas frases similares en español.**

Se sugiere que el texto sea revisado de nuevo para identificar las frases que expresen las funciones de duda, seguridad u opinión (**seguridad**: "*Esta será, en el futuro próximo, la disculpa más habitual...*", etc.). Luego cada grupo ha de escribir frases similares con el fin de re-utilizar las estructuras que ha identificado. El contraste de lo realizado entre varios grupos servirá para solucionar dudas y consolidar lo aprendido.

6. **Reaccionad escribiendo frases que expresen duda o seguridad sobre estos temas.**

El ejercicio supone la práctica de la expresión escrita en relación con las funciones lingüísticas expuestas anteriormente en esta unidad. Las respuestas pueden ser, obviamente, variadas en cuanto al contenido, aunque deben atenerse a las estructuras expuestas en el modelo:

Ejemplo: Mis padres comprarán un videoteléfono.
   - *Dudo que mis padres compren un videoteléfono.*
   - *Estoy seguro de/Seguro que mis padres comprarán un videoteléfono.*

7. **En grupos: ¿Qué expresan cada una de las siguientes frases?**

Una vez que la clase es capaz de producir frases que expresen duda, esperanza, etc., será posible reconocer la función que implica cada una de las 8 oraciones siguientes:

1. Es optimista respecto al futuro de sus hijos:	**seguridad, certeza.**
2. Dudo que anhele poseer muchas riquezas:	**duda.**
3. Quizás Juan es moderado en sus palabras y juicios:	**posibilidad.**
4. Los políticos deben tener siempre cuidado con lo que dicen.	**obligación.**
5. Parece que la madre siempre piensa en encontrar al hijo perdido:	**posibilidad**
6. ¡Qué raro que ella venga en tren!	**extrañeza.**
7. La bailarina no era guapa, pero según parece cayó en gracia al público:	**certeza (atenuada).**
8. Seguro que se le van los ojos detrás de los pasteles:	**certeza.**

Bloque 3º. EN MARCHA

1. **En grupos:**
   a) **Anotad lo que consideréis negativo en los coches actuales.**
   b) **¿Cómo sería vuestro coche ideal?**
   c) **Escribid al menos cuatro frases y leedlas al resto de la clase.**

Se sugiere un intercambio de opiniones sobre una de las realidades más típicas de nuestro siglo: el coche, auto (en América **carro**). Servirá como introducción a los textos siguientes.

2. **Leed y asociad cada uno de los textos a la foto que corresponda.**

Actividad de comprensión lectora. La lectura puede hacerse individualmente, en grupos o con la participación de varios alumnos/as en la clase. La asociación de cada texto a una de las tres fotografías es un resorte para incentivar la comprensión aumentando la motivación.

3. **En parejas: ¿Cuál de los tres coches descritos anteriormente preferís? Dad vuestra opinión o explicad vuestras razones usando alguno de estos elementos:**
   - *Prefiero .... porque ....*
   - *Creo que el coche ....*
   - *Probablemente el coche ....*
   - *Parece que el coche de ....*

   La lectura de los textos debe hacer posible que los alumnos formulen ahora sus opiniones valiéndose de las estructuras sugeridas, relacionadas con los objetivos de la unidad.
   Cada pareja escribirá sus opiniones y luego las expondrá a la clase, contrastándolas con las opiniones de otras parejas.

4. **Busca en los textos anteriores las siguientes palabras o expresiones y**
   a) Explícalas en español.
   b) Tradúcelas a tu idioma.
   c) Lee la traducción a la clase y compárala con otras traducciones.
   Actividad de ampliación léxica en la que se fomenta la utilización del diccionario monolingüe. La traducción al idioma materno servirá para reforzar el aprendizaje de las frases y palabras anotadas.

5. **En grupos: ¿Qué es....?**
   Actividad de ampliación léxica mediante derivación:

el que corre	corredor
la que asegura	aseguradora
el que acoge	acogedor
la que crea	creadora
la que presenta	presentadora
el que informa	informador
el que conoce	conocedor
la que habla	habladora
la que piensa	pensadora
el que nada	nadador
el que conduce	conductor

6. **En grupos:**
   - **Anotad las características de vuestro coche ideal.**
   - **Dibujadlo.**
   - **Con estos datos, escribid un anuncio publicitario de vuestro coche ideal.**
   - **Describidlo a la clase.**
   Se trata de un ejercicio en el que los alumnos deben poner a prueba su capacidad creadora en español, practicando la expresión escrita primero y la expresión oral después.

7. **Ortografía.**
   El tema de la separación silábica no suele recibir atención en el aprendizaje del español. Téngase en cuenta que el concepto de sílaba en español no es igual que el que tiene un inglés, un alemán o un árabe. Es útil, por tanto, dar estas explicaciones básicas y hacer el ejercicio anotado:

   Señala por dónde dividirías las siguientes palabras (al final de una línea):

   ha.blar, ta.les, sal.ve.dad, pre.sen.ta.do, po.der, je.fe, e.lec.tri.ci.dad, hi.dró.ge.no, bi.ci.cle.ta, te.lé.fo.no, llo.rar, a.ce.cho, sa.bi.do, in.ven.tar, ci.güe.ña, pe.que.ño, ten.dré, que.ra.mos, se.guir, ex.tra.ñar, pron.to, co.ches, pre.sen.tar, a.lla.nar, ce.gue.ra.

EN BUSCA DE LA PALABRA

a) Consulta los siguientes términos en un diccionario y explica en qué se diferencian.

Se propicia el uso del diccionario. Tras haber buscado las diferencias de significado entre cada par de palabras, se pasará al apartado b):

b) ¿A cuáles, de entre las palabras anteriores, pueden aplicarse las siguientes definiciones?

Tener una idea sobre algo o alguien: **opinar**.
Hecho que no tiene existencia real o que existe sólo en la mente de alguien: **(algo) imaginado**.
Pensar detenidamente en algo: **reflexionar**.
Persona que aparenta estar abstraída en pensamientos o en la meditación: **meditabunda**.
Que no piensa bien lo que dice o hace: **irreflexivo**.
Hecho que se lleva a cabo de acuerdo con un plan elaborado: **(algo) premeditado**.

Bloque 4 VARIANTES USUALES DEL LENGUAJE
· ·

Como muestra complementaria e ilustrativa, pueden leerse estos dos modelos de instancias, documentos propios del lenguaje administrativo. Una es habitual en España, la otra en México.

TEXTOS

Extractos de textos literarios, el primero poético y el segundo perteneciente a una obra de teatro de Miguel Mihura. Se refieren ambos al tema tratado en la unidad y no ofrecen demasiadas dificultades para su lectura y comprensión por los alumnos.

UNIDAD 12 *Si fuera posible...*

ÁREA TEMÁTICA:	El medio ambiente.
APRENDERÁS A:	Expresar hipótesis, posibilidad, probabilidad. Expresar certeza, incertidumbre... respecto al futuro.
GRAMÁTICA:	Usos del subjuntivo. *Quizás / Tal vez / Ojalá / Si* + verbo. *No sé si/Cómo...* + verbo. Uso del futuro en la expresión de certeza.
ORTOGRAFÍA Y PRONUNCIACIÓN:	Separación silábica a fin de línea (II).
VARIANTES USUALES DEL LENGUAJE:	Correspondencia familiar / entre amigos.
TEXTOS:	*Canción al niño Jesús*, de Gerardo Diego.

Bloque 1º. SITÚATE

1. En grupos:
a) Anotad cuáles de los siguientes elementos intervienen en los cambios de clima.
b) Elegid cuatro de esos elementos y explicad cómo y por qué influyen en los cambios climáticos.

Esta actividad es de reconocimiento, revisión y ampliación léxica, al mismo tiempo que servirá para contextualizar el tema de esta sección. El apartado b) propicia la expresión oral utilizando estos y otros elementos relativos al clima.

Las actividades siguientes, **2.** y **3.**, se concentran en la audición comprensiva de un texto y en el reconocimiento de determinadas secuencias o frases (3.).

2. Escucha y anota a qué fotografía se refiere cada párrafo.

La clase escuchará el texto dos veces antes de comprobar las respuestas de los alumnos. El texto grabado es el de la actividad **4**. En este primer estadio el objetivo es que el alumno comprenda globalmente el texto, no en detalle, todavía.

3. Escucha de nuevo y señala las frases que oigas, entre las siguientes.

Ahora, tras una o dos audiciones más, los alumnos deberían ser capaces de identificar las frases oídas, que son las marcadas con un (*). Se trata de que la clase sea capaz de identificar y comprender elementos y frases concretas dentro de un conjunto cual es el texto:

*1. Si fuera posible...
*2. Tal vez la primavera llegaría antes...
 3. Los científicos no vivían en Siberia.
*4. Se cambiarán los cursos de varios grandes ríos.
 5. Si no hubiera petróleo en la selva ecuatoriana...
*6. Si hubieran conseguido sus objetivos, el clima...
*7. Si no hubiera sido por la acción decidida de estos habitantes de la selva...
 8. Quizás en el futuro ya no haya selvas...

4. Lee y elige el título más adecuado para cada uno de los siguientes párrafos.

El texto ya ha sido oído varias veces y en esta ocasión se propicia la actividad lectora. En principio cualquiera de los títulos sugeridos para cada párrafo puede ser correcto. El objetivo es motivar al alumno empujándolo hacia una lectura comprensiva y a que explique por qué prefiere uno u otro título. Al mismo tiempo se aprovechará por parte del profesor para explicar las posibles dificultades de comprensión, especialmente léxica.

5. **En parejas:**
   a) Revisad los textos anteriores y buscad palabras que puedan sustituir a:
   b) Comparad vuestros resultados con los de vuestros compañeros/as.

Se trata de una actividad léxica contextualizada. Se recomienda el uso del diccionario monolingüe, especialmente para encontrar algunos sinónimos, aunque sería preferible que los alumnos intentasen primero explicar cada término con frases explicativas:

equipo de científicos: *grupo de personas que trabajan en la ciencia/que tienen ciencia*, etc.

En la comparación de los resultados se podrán corregir los posibles errores.

El recuadro de **Se dice así** presenta las estructuras utilizadas en español para expresar hipótesis, probabilidad, certeza... Nótese que los ejemplos están tomados del texto escuchado y leído anteriormente: es importante que las explicaciones respecto al uso de tiempos verbales en estos casos se den precisamente dentro de una situación y contexto, como corresponde a la comunicación real.

Bloque 2º. ¡ADELANTE!

1. **Completad las frases siguientes, que expresan probabilidad.**
   Práctica con el tipo de oraciones de probabilidad a que se hizo referencia en la sección I. Puede hacerse oralmente y/o por escrito, a ser preferible con la participación de toda la clase:

   1. Tal vez la selva se salvaría si *no cortásemos los árboles...,* etc.

2. **En parejas: Haced frases según el modelo: ¿Qué haríais si tuvieseis poder y dinero...?**
   Se pide la formación de frases con estructura idéntica (exigencia de la forma de condicional en la expresión de hipótesis).

3. **Transformad en frases que expresen certeza.**
   Ejercicio de transformación para contrastar el uso de una frase que expresa probabilidad frente a la expresión de certeza o seguridad.

4. **En grupos: Leed y completad con el verbo en la forma adecuada.**
   La lectura de este texto exige al alumno concentrar su atención en los tiempos verbales, que deben decidirse en los puntos señalados. Es una manera de contextualizar el uso de verbos para expresar las funciones lingüísticas que constituyen el objetivo de esta unidad. La lectura se puede hacer con la participación de toda la clase, aunque puede ir precedida del trabajo individual para escribir los verbos en el tiempo adecuado:

TEXTO ÍNTEGRO:
   ¿Es posible controlar el clima? Quizás en el futuro el hombre sea capaz de controlar las variaciones climáticas. Pero por el momento esto es imposible. Conocemos bastantes cosas sobre el comportamiento de los fenómenos naturales (el viento, las corrientes, las nubes, etc.), pero no sabemos cómo se combinan e interaccionan todos esos elementos en el conjunto. Los fenómenos que intervienen en los cambios climáticos son muchos y complejos. Si el sistema funcionara de modo "lineal", no sería difícil controlar las variables que acaban produciendo un cambio de clima. Pero la realidad no es así. Hoy podemos predecir el clima de una región limitada con 10 o 12 días de antelación. Pero nada más. Podemos también calcular los valores medios del clima en todo el planeta en períodos grandes de tiempo (por ejemplo durante los cien próximos años). Ahí acaban nuestras posibilidades. Es posible cambiar un factor climático, pero si lo hiciéramos, no sabríamos qué vendría después. Tal vez fuera posible introducir cambios o condicionar la entrada de la radiación solar en la Tierra, pero si así fuera, desconoceríamos las reacciones que este cambio produciría en relación con los demás elementos que contribuyen a cambiar el clima. Es decir, no sabemos qué ocurriría. Quizás los efectos fueran positivos. Pero ¿y si fueran negativos o perjudiciales para el planeta Tierra y para quienes vivimos en él?

5. Dialogad en parejas, según el modelo.
Ejercicio de transformación para consolidar el aprendizaje de la estructura que expresa posibilidad.

6. Relaciona los elementos de cada columna:

combinar   unir armónicamente.
reacción   acción que se opone a otra.
desconocer   ignorar.
efecto   resultado de una causa.
perjudicial   que causa daño.
dejar de   no seguir haciendo lo empezado.
potente   fuerte, poderoso.
explosión   acción o resultado de romperse un cuerpo con gran ruido.
intervenir   tomar parte, actuar.
en relación con   comparando con.

En el recuadro de **Gramática** se revisan algunas formas irregulares del verbo. El ejercicio **7.** servirá de práctica y revisión:

7. Completa las formas verbales que faltan, según el esquema:

funciona	*funcionó*	*funcione*	*funcionara/funcionase*
hace	hizo	**haga**	**hiciera/hiciese**
introduces	introdujiste	**introduzcas**	**introdujeras/introdujeses**
contribuye	contribuyó	contribuya	**contribuyera/contribuyese**
provoca	**provocó**	**provoque**	provocara/provocase
consigue	consiguió	**consiga**	**consiguiera**/consiguiese
empieza	empezó	empiece	**empezara/empezase**
sitúa	situó	sitúe	**situara/situase**
se opone	**se opuso**	**se oponga**	**se opusiera/se opusiese**

Bloque 3º. EN MARCHA

El recuadro de **Se dice así** presenta la estructura con *ojalá* para expresar hipótesis o deseos no realizados. Obsérvese que tanto en la forma afirmativa como en la negativa se utiliza el subjuntivo imperfecto.

1. En parejas: Expresad cinco deseos usando *ojalá...*
Práctica con las estructuras señaladas en el recuadro anterior. Los alumnos escribirán primero cinco frases con *ojalá* y luego las leerán a la clase y se corregirán los posibles errores.

2. Escuchad y leed lo que ha ocurrido en un pueblo de la selva ecuatoriana.
Actividad de comprensión auditiva y lectora. Además de pretender que los alumnos comprendan cada uno de los textos, se llama la atención muy especialmente sobre las estructuras usadas para expresar duda o incertidumbre, tal cual se recoge en el recuadro final. Las explicaciones sobre este punto deben ofrecerse siempre de manera contextualizada.

3. En grupos:
a) Escribid cuatro hipótesis sobre lo que podría haber ocurrido en la comunidad de la Florida.
b) Expresad también vuestras dudas o incertidumbres sobre los resultados o la situación en dos frases.
c) Leedlas a la clase y comparadlas con las de otros grupos.
Llegados a este punto, tras haber sido presentadas las estructuras funcionales que constituyen el objetivo de la unidad, se pide a la clase que escriba frases similares, de acuerdo con las pautas dadas en a) y en b). Es importante que las frases escritas sean leídas al resto de los compañeros/as para corregirlas entre todos y consolidar así mejor las estructuras que, a estas alturas, ya habrán comprendido suficientemente.

4. **En parejas:**
   a) **Buscad información en el mapa de Ecuador sobre los proyectos de "Ayuda en Acción".**
   b) **Describid la situación y características de cada uno de ellos a la clase. Buscad ayuda en el texto del recuadro.**
   Ejercicio de comprensión y producción oral y escrita. La actividad se hace en parejas: primero cada una de ellas leerá el párrafo que define cada acción de ayuda y la localizará en el mapa. Luego cada pareja expone lo que ha logrado entender y lo contrasta con el resto de la clase.

5. **Sobre los datos anteriores, anotad frases con deseos positivos para estas comunidades de indígenas .**
   Se pide ahora que la clase formule deseos "positivos" con los elementos dados en cada caso. Participa toda la clase y el profesor debe esperar variedad en las respuestas:

   - ¡Ojalá *hubiera más proyectos de ayuda / haya muchos proyectos de ayuda*!, etc.

6. **Ortografía.**
   a) **Separación silábica a fin de línea (continuación):**
   Se completa la información sobre las normas que rigen la separación silábica en español y al final de línea. En **b) (Señala por dónde dividirías las siguientes palabras, al final de línea)** se ofrecen palabras para practicar:
   a-fec-ta-ción, cues-tión, due-lo, con-fia-do, des-en-te-rrar, des-pier-to, pue-blo, hue-co, con-fu-sión, in-a-pre-cia-ble, in-cau-to, des-a-ten-di-do, que-ha-cer, lue-go, oír, oí-do, pie-dra, e-cua-to-ria-na, con-ser-va-ción.

EN BUSCA DE LA PALABRA

Actividad que requiere el uso del diccionario monolingüe: **Relaciona cada par de palabras con su significado exacto, según el artículo que preceda:**

el cólera / la cólera:	enfermedad .
	enfado grande
el guardia / la guardia:	una persona con funciones de policía.
	conjunto de personas que hacen guardia
el frente / la frente:	primera línea frente al enemigo, en una guerra.
	parte alta de la cara.
el orden / la orden:	posición de las cosas en el lugar que corresponda.
	mandato.
el capital / la capital:	bienes o posesiones de alguien
	ciudad donde reside el gobierno de la nación
el guía / la guía:	persona que conduce u orienta a alguien.
	libro informativo sobre un país, ciudad...
el pendiente / la pendiente:	adorno en la oreja.
	declive del terreno.

Bloque 4º. VARIANTES USUALES DEL LENGUAJE

Dos modelos de cartas no formales, una escrita en España y otra en México, ambas auténticas. Se observará que las diferencias son escasas y se refieren normalmente al léxico utilizado.

TEXTOS

La poesía de Gerardo Diego contextualiza muy bien la expresión de deseos e hipótesis.
Téngase en cuenta que el lenguaje de la poesía suele ser más difícil, especialmente para estudiantes no nativos del idioma. Pero su lectura puede ser un elemento motivador, siempre que el profesor ayude en la comprensión o ponga de relieve los elementos culturales y lingüísticos más importantes. No se olviden, de todos modos, las recomendaciones sobre la utilización de este apartado.

UNIDAD DE REVISIÓN Y AUTOEVALUACIÓN (9-12)

Solucionario

NOTA: Los ejercicios precedidos de un (*) pueden ser respondidos con frases parcialmente variadas. Lo sugerido aquí es, por tanto, aproximado.

I. Comprensión oral

· ·

1. Escucha y anota de qué artículo se trata.

TEXTO GRABADO:
   Descubre ahora lo más avanzado en protección solar, ideal incluso para las pieles más sensibles.
   Las nuevas cremas solares de CREMÍN, además de la doble protección, llevan también en su fórmula un sistema que forma una capa natural, la cual, sin llegar a entrar en la piel, protege tu cuerpo contra los rayos solares.

   Solución: b).

2. Escucha y anota V (verdadero) o F (falso).

TEXTO GRABADO:
   ¿Cómo serán los coches del año 2.000?
   Probablemente estemos hablando de coches que no contaminarán. Coches que producirán vapor de agua u oxígeno o que funcionarán con electricidad o con energía solar.
   Parece claro que lo que las empresas constructoras de automóviles están buscando son fuentes de energía más limpias, más ecológicas o, como dicen algunos, más verdes. De manera que es muy posible que la vida de los coches de gasolina que conocemos ahora sea corta y que dentro de pocos años sólo encontremos los coches de gasolina en los museos.

   Solución: a) F; b) F; c) V; d) F.

3. Escucha los consejos siguientes y anota para qué sirven.

TEXTO GRABADO:
   Para empezar, tómate una aspirina.
   Siéntate tranquila y cómodamente.
   Echa la cabeza hacia atrás.
   Cierra los ojos.
   Respira despacio.
   No pienses en nada.
   Haz esto durante 30 minutos y te sentirás mucho mejor.

   Solución: Son consejos útiles para el dolor cabeza.

4. Escucha y anota cuánta agua por habitante y día se consume más en la mitad sur de España que en la mitad norte.

TEXTO GRABADO:
   Según algunos estudios, los españoles consumimos una media diaria de 350 litros de agua por habitante. Sin embargo, los españoles que habitan en la mitad norte de la Península, es decir, de Madrid hacia arriba, consumen menos agua que los que viven en la mitad sur. Sin embargo, la mitad norte de España es la zona que tiene menos problemas de agua, debido a su clima y a las abundantes lluvias durante todo el año. El consumo medio de la mitad norte de España está entre los 300 y 320 litros diarios, frente a los 420 litros de media por habitante que se consumen en la mitad sur, donde el agua es un bien escaso.

   Solución: En la mitad sur se consumen entre 100 y 120 litros de agua más que en la mitad norte.

5. Sigue atentamente las instrucciones y podrás descubrir un sinónimo de la palabra *discente*.

TEXTO GRABADO:

Letra 1ª: tercera fila, novena columna.
Letra 2ª: séptima fila, segunda columna.
Letra 3ª: sexta fila, sexta columna.
Letra 4ª: sexta fila, tercera columna.
Letra 5ª: segunda fila, tercera columna.
Letra 6ª: cuarta fila, séptima columna.

Solución: Alumno.

II. Comprensión escrita

1. Relaciona las frases de cada columna.

Solución: a) 3; b) 4; c) 1; d) 5; e) 2.

2. Completa el texto con una palabra del recuadro.

TEXTO ÍNTEGRO:

Los alimentos del futuro ya están aquí. Serán más fuertes y durarán más que los de ahora. Para empezar, gracias al trabajo de investigación de la compañía norteamericana Calgene, ya ha nacido el "Flavr Savr". Se trata de un tomate que parece normal, aunque de color rojo más intenso. Desde el pasado 18 de mayo, una vez recibida la autorización oficial, los mercados del estado norteamericano de California ofrecen al público la posibilidad de comprar unos supertomates que siguen estando duros incluso después de muchos días.

3. Lee de nuevo el texto anterior y anota V (verdadero) o F (falso).

Solución: a) V; b) F; c) V; d) F; e) V.

4. Ordena las frases siguientes y reconstruye el texto original.

Solución:

UNA RADIO ESPECIAL PARA PERSONAS QUE NO PUEDEN OÍR
A partir del mes de octubre los japoneses tendrán un nuevo servicio de radio para personas que no pueden oír. Estos nuevos aparatos de radio llevan una pantalla de cristal líquido en la que aparecerá por escrito lo que en ese momento se está oyendo por la radio. Además de la programación normal, los que tengan este aparato podrán seguir las letras de las canciones y diversas informaciones complementarias.

5. Señala qué expresan las oraciones siguientes (hipótesis, certeza, posibilidad o duda).

Solución: a) certeza; b) posibilidad; c) hipótesis; d) duda; e) hipótesis; f) certeza.

III. Expresión oral y escrita

*1. Escucha y responde a cada frase con una expresión de indiferencia, igualdad o discrepancia, según tu opinión.

TEXTO GRABADO:

a) - *Da igual que se quemen los bosques.*
b) - *Lo siento, no puedo ayudarte.*
c) - *Sólo queda helado de fresa.*
d) - *No me acuerdo del número de teléfono de Juan.*
e) - *Es igual si pierdes todo tu dinero.*

Solución: a) No da lo mismo; b) No importa; c) Da lo mismo; d) Da igual; e) No es igual.

*2. Escucha y completa estas frases.

TEXTO GRABADO:

a) - *En cuanto vayas a España...*
b) - *Aunque tenga esa cara de buena persona...*
c) - *Cuando oí esa música por primera vez...*
d) - *Me extraña que no...*
e) - *Dicen que hay ya ordenadores...*

Solución: a) te enamorarás de su gente y de su clima; b) ten cuidado con él; c) supe que eran mariachis; d) hayas oído hablar de Plácido Domingo; e) que pueden hablar.

*3. Lee tu horóscopo y expresa tus dudas u opiniones en lo que dice referente a...

Solución:
a) No creo que el martes sea un día peligroso para conducir; b) Dudo que vaya a recibir muchas invitaciones; c) Pienso que no tendré demasiado éxito en mi vida social; d) No creo que el domingo sea mi día de suerte.

*4. Escribe cinco hipótesis sobre lo que podría ocurrir si...

Solución: a) Es probable que mi piel se quemez; b) Estaría muy gordo/a; c) Es posible que disminuyera el oxígeno en la atmósfera; d) Probablemente haría más calor en la Tierra; e) Organizaría una fiesta con mis amigos/as.

*5. Redacta un anuncio de coches, utilizando las expresiones siguientes.

Solución:
EL NUEVO COPEL GTI:
LA ÚLTIMA REVOLUCIÓN EN TECNOLOGÍA
Este último modelo dispone de un excelente motor de 2.600 c.c. con una potencia máxima de hasta 180 CV. Sin embargo, lo mejor son los elementos de seguridad con que cuenta: ABS y *airbag*, entre otros. Pero tampoco hemos olvidado el confort y la comodidad. Este modelo dispone de aire acondicionado, un equipo de radio con disco compacto y un largo etc.
Llámenos si desea probar el nuevo COPEL GTI (de tres y cinco puertas).

IV. Gramática y léxico

1. Transforma las frases siguientes, empezando con las expresión que se indica.

Solución: a) ...vayas a pie o en coche; b) ...se siente o se quede de pie; c) ...mis palabras te convenzan o no; d) ...el libro sea bueno o malo; e) ...sirva para estar en casa o para viajar.

*2. Completa las frases concesivas siguientes.

Solución: a) no lo recibiré; b) dice la verdad; c) no lo tomaré; d) no me lo creo; e) iré a la fiesta.

3. Completa con la forma correcta del verbo entre paréntesis.

Solución: a) sea; b) cambiarán; c) podamos/podríamos; d) hubieran; e) hubieran.

*4. Completa: ¿cómo se llama la persona que...

Solución: a) conductor/ra; b) estudiante; c) presentador/ra; d) pensador/ra; e) escritor/ra; f) hablador/ra; g) limpiador/ra; h) corredor/ra.

5. Elige la palabra correcta y completa estas expresiones/locuciones.

Solución: a) serie; b) diferencia; c) con; d) blanco y negro; e) Tener; f) Valer.

UNIDAD 13   *No creo que sea posible*

ÁREA TEMÁTICA:	Aspectos de la sociedad.
APRENDERÁS A:	Expresar posibilidad y negar la posibilidad de algo. Expresar preferencias. Identificar con **quien, el cual, la cual...** Derivación de adjetivos en **-al.**
GRAMÁTICA:	*Creo que* + indicativo. *No creo que* + subjuntivo. *Es probable/posible que* + subjuntivo. *No es probable/posible que* + subjuntivo. *Quien, quienes, el/la cual, los/las cuales.*
ORTOGRAFÍA Y PRONUNCIACIÓN:	Triptongos: pronunciación y acentuación gráfica.
VARIANTES USUALES DEL LENGUAJE:	Frases usuales (saludos, etc.).
TEXTOS:	Fragmento de *Nuevas Memorias de Adriano* de A. Bryce Echenique.

Bloque 1º. SITÚATE
• •

1. **¿Qué opinas sobre las relaciones entre hombre y mujer o entre chico y chica? Completa esta encuesta.**

   La encuesta la completará cada alumno/a individualmente. Luego se computarán los resultados anotados por cada uno y se llegará a la elaboración de la "encuesta de la clase". Hecho esto se pasará a leer la siguiente encuesta, realizada en España.

2. **Lee esta encuesta, realizada entre hombres españoles.**

   Actividad de comprensión lectora. Insístase en la comprensión del léxico.

3. **En parejas:**
   a) Resumid lo que piensan los hombres mayores de 40 años sobre cada uno de los temas de la encuesta.
   b) Anotad en qué se diferencian las opiniones de los hombres mayores de 40 años de quienes tienen menos de 40.
   c) Leed vuestras conclusiones a la clase.

   La comprensión se activa mediante la respuesta que debe darse a los apartados a) y b). Una pareja expondrá a la clase lo que ha escrito y se contrastará esto con lo hecho por el resto de parejas. La comprensión del texto acabará, por tanto, en la práctica de la expresión oral.

4. **Leed el informe de una periodista sobre los datos de la encuesta anterior.**

   La lectura del siguiente texto tiene como objeto ofrecer ahora al alumno un comentario sobre la encuesta anterior. Este comentario escrito puede ser un buen punto de referencia respecto a lo anotado por la clase en la actividad anterior. La lectura debe apuntar sobre todo hacia la comprensión del contenido.

5. **Revisa el texto periodístico y anota:**
   - en qué concuerdan tus opiniones con las de esta periodista.
   - en qué aspectos no compartes las opiniones de la periodista.
   - qué aporta de nuevo el texto periodístico.

   El texto ha de leerse una vez más, pero ahora con el fin de identificar las ideas contenidas en él para contrastarlas con las ideas expuestas anteriormente en la clase. De esta manera no solamente se afina la comprensión léxica sino también la expresión oral.

6. Busca en el texto anterior las palabras o expresiones que correspondan a estos significados.
Actividad de ampliación léxica contextualizada.

1. No saben qué hacer o a qué atenerse: **están desconcertados.**
2. Tener en cuenta: **contar con.**
3. He de tomar una decisión: **tengo que decidirme por.**
4. Desorientación total: **despiste general.**
5. Prepararse para protegerse de/contra alguien: **ponerse a la defensiva.**
6. No quieren saber nada de: **reniegan de.**
7. Se incrementa la inclinación (hacia algo/alguien): **se acentúa la tendencia.**
8. equilibrados en cuanto a los gustos y emociones: **emocionalmente asentados.**
9. llevar algo a tal extremo o situación que no queda más que elegir lo que se propon: **llevar las cosas a un callejón sin salida.**

Bloque 2º. ¡ADELANTE!

Gramática: frases afirmativas y negativas para expresar opiniones y preferencias y tiempo verbal exigido. Lo expuesto en el recuadro se practica en los dos siguientes ejercicios.

1. Niega estas afirmaciones.

1. Creo que es sincero en su opinión: *No creo que sea sincero en su opinión*, etc.

2. Completa estas frases.
Las respuestas posibles son varias, pero la forma verbal viene restringida por la parte de la frase anotada:

1. En las actuales circunstancias preferimos que no *viajen en tren*, etc.

3. Lee y completa el texto con las palabras del recuadro.
Actividad de lectura y utilización de palabras concretas dentro de un contexto amplio. Es necesario que los alumnos comprendan bien el contexto para realizar el ejercicio:

TEXTO ÍNTEGRO:
España está considerada, dentro de la Unión Europea, como uno de los mercados con mayor potencial en el ámbito de la cosmética masculina. Aumenta cada día la preocupación del hombre español por la higiene y el cuidado de su piel. Quienes mejor saben esto son las empresas de productos de belleza masculina. En un informe se revela que entre 1979 y 1989 los españoles han gastado diez veces más en productos de belleza masculina. Hace sólo unas décadas era impensable que el **macho hispánico** utilizase en el aseo matinal algo tan normal hoy día como es el desodorante. Era algo de uso exclusivo por y para la mujer. Ocurría lo mismo con todas las cremas en general. El director de un importante grupo comercial cree que ahora el hombre español empieza a utilizar cremas después del afeitado, pero no mucho más: aún las rechaza porque las considera *propias de la mujer*, idea que también comparten muchas mujeres. Sin embargo no existe ninguna razón para pensar que la piel masculina no precisa de tantos cuidados como la piel femenina. Además, el hombre español gasta muy poco en cremas para la piel: sólo 1.000 pesetas, frente a las 6.000 que gasta el francés, el italiano o el inglés, por ejemplo. Sin embargo el español gasta mucho más en alta perfumería, incluso más que sus colegas europeos. Y es que todavía quedan en el ambiente creencias y opiniones del pasado. Hay quienes prefieren al hombre feo y rudo y a la mujer guapa y delicada. Las convicciones cambian lentamente.

4. En parejas: Contestad con información del texto anterior.
Realizado el ejercicio anterior, debe revisarse de nuevo el texto para responder a las preguntas formuladas. Se trata de una actividad de expresión oral.

5. Explicad en vuestro idioma las siguientes palabras o expresiones, extraídas del texto anterior.
Es un ejercicio de traducción pero sobre palabras que la clase debe primero identificar en el texto de **3.**

6. En parejas: Muchos adjetivos se forman añadiendo la terminación *-al* al nombre.

   a) Haced una lista de todas las que encontréis en los textos de esta unidad.

   b) Añadid a esa lista los adjetivos derivados de:

Ejercicio de ampliación léxica mediante sufijación. Se llama la atención sobre el sufijo "-al", muy productivo en español para formar adjetivos derivados de nombres.

persona:	**personal,**	sensación:	**sensacional**
fenómeno:	**fenomenal,**	bruto:	**brutal**
fin:	**final,**	semana:	**semanal**
potencia:	**potencial,**	paterno:	**paternal**
primavera:	**primaveral,**	otoño:	**otoñal**
flor:	**floral,**	gramática:	**gramatical**

   c) Añadid algún otro adjetivo en *-al* que recordéis y leed la lista completa a la clase.

7. Completa con *quien, quienes, el/la/lo que, los/las que,* según los casos.

Práctica de lo expuesto en el recuadro gramatical anterior.

1. Leticia es **la que** más destaca en casa y en la clase. **Quienes** la conocen dicen que es una muchacha alegre y agradable. Pero **quienes** no la conocen afirman que es demasiado superficial. En la clase no es **la que** mejores notas tiene, pero algunas la envidian. **Quien/El que** está especialmente interesado en Leticia es Manuel. Manuel tiene un año más, pero la conoce desde que pasaron las vacaciones juntos.
2. **Quienes** más consumen agua de colonia son las mujeres. Los hombres gastan sólo un 20% del total.
3. **Lo que** revela esta encuesta es que gastamos mucho dinero para cuidar nuestro cuerpo.
4. **Quien** no cuida de su cuerpo, ¿puede cuidar de su mente?
5. Esta es la solución de **quienes/los que/las que** tienen una mentalidad anticuada.
6. Cada cual gasta todo **lo que** tiene.

Bloque 3º. EN MARCHA

1. a) Escucha este texto y señala cuál de las siguientes frases se ajusta mejor a la temática de lo que oyes.

   b) Explica por qué.

Actividad de comprensión auditiva. Se pretende que los alumnos logren comprender las ideas centrales o principales que les permitan responder a la pregunta formulada (sobre la temática). En la explicación posterior explicarán por qué han elegido una u otra opción. No es necesario aún proceder a una comprensión detallada del texto.

2. Ahora escucha, lee y subraya lo que no coincide con lo que oyes.

Ahora la audición debe ser más atenta. Para lograr tal fin se pide a la clase que identifique las palabras o frases que no oye y no figuran en el texto. Téngase en cuenta que el objetivo principal es educar el oído del alumno para que se adecúe a las secuencias fonológicas del español.

TEXTO GRABADO:

En España hay 3.273.681 adolescentes, es decir, chicos y chicas entre 12 y 16 años (cifras de 1992). Son una nueva generación, nacida en democracia, **criada** en democracia y con España dentro de la Unión Europea. En casa tienen todos los **aparatos de consumo** con que la publicidad surte a las familias: televisores, videojuegos, equipos de música, discos compactos, vídeos, ordenadores, radiocasetes y ropa de marca. Además, **suelen recibir** de sus padres una paga de fin de semana para sus propias necesidades o para divertirse con los amigos o amigas. No es una paga cualquiera:

-"Mis padres me dan 3.000 ptas. **cada fin** de semana", dice Nuria, de 14 años.

-"Yo gasto casi 5.000 ptas. todos los fines de semana, todo lo que me dan mis padres", **confiesa** Marta, de 15 años. "¿Que qué hago? Pues suelo ir al cine, tomo una hamburguesa con las amigas y amigos; en verano **prefiero** ir a la playa, compro algún disco nuevo y también **algunas chucherías** en el kiosco. A veces también ahorro para hacer algún regalo".

Durante la semana no salen de casa: **van al** cole. Pero los sábados y domingos "toman la calle" en ruidosas pandillas o grupos. Hay discotecas y bares que **abren** sólo para ellos. María, Pepi y Leticia guardan lo mejor de **su vestuario** para salir los sábados: pantalones cortos, faldas ceñidas, vestidos largos... Toni y Alberto siempre van **con sus** vaqueros y su pelo largo. A Toni le gustaría llevar coleta, pero no lo ha decidido aún; no **es probable que cambie.** Alberto lleva un pendiente en la oreja y **es posible que** también se haga una coleta con el pelo, "porque ésa es hoy la moda". Alberto tiene 15 años y estudia en una Escuela de Formación Profesional para ser electricista. No es probable que luego entre en la universidad. Quiere trabajar y ganar dinero cuanto antes. Sus aficiones no son **muy exigentes.**

3. En parejas: Preguntad sobre lo sugerido y responded con información del texto.

Este ejercicio pretende incentivar una comprensión más detallada del texto anterior. La producción de frases exigirá la reutilización de palabras y estructuras del texto.

4. En grupos:
   a) Resumid en pocas frases las características de los adolescentes españoles.
   b) Resumid las características de los adolescentes en vuestro país, región o ciudad.
   c) Comparad lo que tienen de común o en qué son diferentes.
   d) Leed vuestras conclusiones a toda la clase.

Una vez que el texto ya ha sido comprendido bien, la clase, organizada en grupos, procederá a la práctica de la expresión escrita a partir de las ideas expresadas en ese mismo extracto.

Finalmente, cada grupo expondrá las ideas anotadas y las contrastará con sus compañeros/as, propiciando la interacción oral.

En el recuadro de **Gramática** se recuerdan los valores y usos de *que* como relativo y como conjunción. En los dos ejercicios siguientes se ofrecen ejemplos para practicar:

5. En parejas: Dialogad según el modelo.
   Ejercicio de transformación que implica el uso de *que* (conjunción).

6. En parejas: a) Formad frases relacionando un elemento de cada columna.

   Respuestas posibles:
   1. Preferimos que   - c
   2. Alberto prefiere que   - e
   3. Todavía era posible que el director   - a
   4. Todos pensarán que   - f
   5. No creo que en esta ciudad   - g
   6. No existe razón para pensar que   - h
   7. De ahí que ahora   - b
   8. Todos los adolescentes prefieren que   - d

   b) Comprobad vuestros resultados con los de vuestros compañeros/as.

7. Pronunciación.
   Práctica de pronunciación con triptongos e hiatos.

EN BUSCA DE LA PALABRA

   Con la ayuda de un diccionario, si es necesario:
   a) Reconstruye cada palabra sustituyendo los puntos por *s* o *x*.

   exilio   extremo
   aspiración   espléndido
   oxígeno   exigir

escalar	espacio
estreno	espontáneo
estupendo	espíritu
huésped	hostal

b) Reconstruye cada palabra sustituyendo lo puntos por *c* o *cc*.

acusación	colección
atracción	occidente
radiación	calefacción
afición	construcción
accidente	comparación
colección	selección
oración	infección
indignación	lección

Bloque 4º. VARIANTES USUALES DEL LENGUAJE

Léanse estas frases usuales de saludo en España e Hispanoamérica y contrástense las diferencias.

TEXTOS

Este extracto de A. Bryce Echenique, relato de un viaje, ofrece una descripción característica de determinados rasgos de la mentalidad mexicana. En este sentido la lectura del texto puede resultar muy interesante, a pesar de las dificultades léxicas (que deben tratarse adecuadamente por parte del profesor, según lo anotado para este apartado).

UNIDAD 14 *En mi opinión...*

ÁREA TEMÁTICA:	El debate público.
APRENDERÁS A:	Expresar opinión, punto de vista. Expresar conveniencia, adecuación a algo.
GRAMÁTICA:	*Creo / Considero / Opino que...* *En mi opinión / Desde mi punto de vista.* *Es posible / conveniente / adecuado que...* *Vale la pena que...*
ORTOGRAFÍA Y PRONUNCIACIÓN:	Grafía y pronunciación de *h, k, que, qui.*
VARIANTES USUALES DEL LENGUAJE:	Expresiones propias del debate. Expresiones de asentimiento.
TEXTOS:	Fragmento de *El misterio de la cripta embrujada* de Eduardo Mendoza.

Bloque 1º. SITÚATE

1. Lee y anota: ¿Estás de acuerdo con estas afirmaciones?

Esta corta encuesta debe ser contestada individualmente por cada alumno/a. Su finalidad es introducir el tema de la juventud y de los jóvenes, sobre el cual versará esta unidad. Obsérvese que, al mismo tiempo, se trabaja con estructuras adecuadas para expresar opinión.

2. a) Escribe el resultado de la encuesta anterior en forma personal.

Las estructuras anteriores se activan ahora practicando la expresión escrita, siempre con referencia a lo respondido en la encuesta anterior.

b) Lee tu redacción a la clase.

c) Poned en común las opiniones de toda la clase y escribid un informe conjunto sobre los jóvenes y las jóvenes de hoy.

Es importante que algunos alumnos/as lean lo que han escrito a toda la clase. Luego contrastarán sus opiniones entre sí, preferentemente en grupos.

Las actividades **1.** y **2.** tienen como finalidad preparar a la clase para la actividad **3.**

3. Escuchad este debate.

El debate siguiente debe ser escuchado por la clase unas dos veces, intentando que los alumnos logren una comprensión global de lo oído. La comprensión detallada se reservará para la actividad siguiente.

4. Leed los resultados de esta encuesta (jóvenes españoles entre 16 y 23 años) y anotad en qué coinciden o se diferencian las opiniones del texto anterior respecto a estos datos.

La lectura de los datos de esta encuesta es una manera de obligar a los alumnos a buscar datos similares en el debate que acaban de escuchar. Al mismo tiempo que se buscan y comparan datos, los alumnos irán analizando el texto e identificando el contenido. El profesor debe aclarar las dudas que se presenten en la comprensión, incluidas las estructuras utilizadas para expresar opinión, como se exponen en el cuadro siguiente, **Se dice así**.

5. Escribe cinco opiniones sobre los jóvenes españoles, según las encuestas anteriores, usando las expresiones del recuadro.

Ejercicio de expresión escrita: cada uno de los alumnos/as escribirá cinco frases, según lo señalado. Estas frases se leerán, comentarán y corregirán con la participación de toda la clase.

6. **En parejas: Escribid cinco preguntas y cinco respuestas, usando los modelos del recuadro anterior, sobre estos temas.**

Se pide de nuevo que los alumnos utilicen las estructuras del recuadro, pero formulando pregunta y respuesta:

1. Los gobernantes son como todos:
P. ¿Qué opinas de los gobernantes?
R. En mi opinión los gobernantes son tan buenos o tan malos como los demás, etc.

7. **En parejas:**
a) **Subraya en el texto del ejercicio 3. las palabras o expresiones que no sepas. Búscalas en el diccionario y tradúcelas a tu idioma.**
b) **Pregunta esas mismas palabras a tu compañero/a y ayúdale en las dudas.**

Ejercicio de ampliación léxica. La traducción a la lengua materna servirá para consolidar el aprendizaje de los términos desconocidos. El ejercicio puede hacerse primero individualmente, comunicando luego los resultados a la clase. Puede acabarse elaborando una lista de las palabras desconocidas por la clase.

Bloque 2º. ¡ADELANTE!
• •

1. **Transforma según el modelo** y
2. **Dialogad según el modelo.**

Ejercicios de transformación para consolidar estructuras utilizadas en la expresión de opinión. Los ejercicios pueden hacerse individualmente o participando toda la clase.

En el recuadro **Se dice así** se presentan algunos modelos de frases en los que la expresión de opinión, posibilidad, etc. puede exigir el cambio de tiempo verbal. Lo expuesto se pone en práctica en el ejercicio siguiente:

3. **Completa con el verbo en el tiempo y forma adecuados.**

1. Creo que no es verdad que todas las chicas **quieran** casarse.
2. Es conveniente **hacer** encuestas para conocer la opinión de los jóvenes.
3. Es posible que los encuestados no siempre **digan** la verdad.
4. Vale la pena que **des** la razón a Pilar.
5. No es conveniente que **pienses** que todos los males se deben a los gobernantes.
6. Es conveniente **aceptar/que aceptemos** las cosas como vienen.
7. Creo que no vale la pena **que te cases/casarse** tan pronto.
8. ¿Es posible que se **casen** por la Iglesia tantas parejas?

4. **Enfatiza estas afirmaciones.**
Práctica de consolidación de una estructura afirmativa reforzada.

5. **Completad con la opción correcta.**
El ejercicio supone el uso correcto de formas verbales en casi todos los casos, pero dentro de un contexto. Conviene que primero el texto se complete adecuadamente de manera individual o por grupos, antes de corregirlo en clase y comentar tanto el significado como las formas:

TEXTO INTEGRO:

Los y las adolescentes españoles son permisivos, no son machistas y muestran una gran dosis de sentido común, según una encuesta realizada entre estudiantes de toda España, con edades comprendidas entre 14 y 19 años. En opinión del encuestador, la juventud no tiene mucha fe en los tres poderes del sistema democrático (el ejecutivo, el legislativo y el judicial) y muy poca en los políticos y en la política. "Esto es realmente peligroso", comenta el encuestador. Por ejemplo, a la pregunta de "Si tuvieras edad para votar, ¿por qué partido votarías?", el 50,7% eligió la siguiente respuesta: "Ninguno. No creo en la política ni en los políticos". De todos modos, sólo un 3,6% votaría a favor de una dictadura y sólo un 1,7 por un partido comunista. Entre las instituciones más apreciadas está la Iglesia, hecho que coincide con el 82% que dicen que creen en Dios, aunque sólo un 51% cree en el cielo; más bajo es aún el porcentaje de los que creen en el infierno: un 23%. Quienes practican la religión y sus normas sólo son uno de cada tres. La conclusión es, pues, que en lo religioso y en lo moral, los adolescentes son permisivos y complacientes: una mayoría elige lo que es útil para su propio bienestar, pero sin que ello le obligue a nada. En cuanto a las drogas, las opiniones son más satisfactorias: un 72% las rechaza y cree que "tomar drogas es siempre condenable". "En realidad -concluye el encuestador-, la encuesta revela que los adolescentes toman de las instituciones (Iglesia, familia) lo que les interesa y lo demás lo buscan en sus amigos y en los medios de comunicación."

6. **Comprueba en el texto anterior si estas afirmaciones son correctas.**
   La comprobación de estas seis afirmaciones exigirá por parte de la clase que se identifique la información en el texto y se contraste la veracidad de las frases. El objetivo es, por tanto, la comprensión detallada de las principales ideas contenidas en el mencionado texto.

   1. Menos de un 4% está a favor de la dictadura: **correcta**
   2. Los jóvenes españoles son mayoritariamente extremistas: **incorrecta**
   3. La juventud no parece creer mucho en la democracia: **correcta**
   4. Los jóvenes practican una religión "interesada": **correcta**
   5. La mayoría de los jóvenes están en contra de las drogas: **correcta**
   6. La encuesta demuestra que la juventud es muy egoísta: **correcta** (aunque no se dice expresamente, puede inferirse del último párrafo).

7. **Responde con una frase condicional.**
   Práctica de expresión oral, con respuesta condicionada por la pregunta que se formula.

Bloque 3º. EN MARCHA

1. **Escucha y anota: ¿Cuántas preguntas hace el entrevistador?**
   Tras una o dos audiciones, los alumnos/as pueden responder a esta pregunta, que busca la exposición al español hablado. La identificación de quien entrevista es un recurso para propiciar una mayor atención por parte de la clase.

2. **Escucha de nuevo y anota cuántas veces oyes estas expresiones o palabras.**
   Se escucha el texto de nuevo, pero ahora se pide a los alumnos que identifiquen unas secuencias determinadas, referidas a los objetivos gramaticales de la unidad.

3. **Escucha y lee esta entrevista.**
   Práctica de la comprensión oral y lectura comprensiva. Tanto una como otra destreza han de ir acompañadas de la captación del significado. La lectura necesitará, probablemente, de explicaciones léxicas por parte del profesor.

4. **Observa las preguntas del entrevistador y hazlas tú de otra manera.**
   El ejercicio exige que los alumnos sean capaces de formular las preguntas del entrevistador de manera al menos parcialmente distinta. Así practicarán de manera creativa la interacción oral.
   En la **Gramática** se revisan los usos y valores de "me", como forma reflexiva y pronombre personal.

5. **Dialogad en parejas, según el modelo.**
   Práctica de lo expuesto en el recuadro gramatical mediante un ejercicio de transformación.

6. **En parejas:**
   Completad estas frases (encontraréis otras similares en el texto de la entrevista anterior).

Soluciones posibles:

1. Mis padres me decían que yo **hablara** inglés cuando era niño.
2. Eso es precisamente **lo que** siento cuando escribo.
3. Así pasé más de diez años, **olvidando** mi pasado.
4. Mis padres vinieron a Estados Unidos para trabajar, como **tantos otros** emigrantes.
5. ¿Cree usted que **es posible** escribir en inglés y pensar como un latino?
6. Era una obra llena **de** nostalgia hacia el pasado.
7. **Me** siento dentro de un muro y tengo necesidad de libera**rme**.

7. **Ortografía y pronunciación.**
   Pronunciación de la **h** y de la **k** con diferentes grafías (*ca, co, cu* y *que, qui*).

EN BUSCA DE LA PALABRA

Ejercicio de ampliación léxica mediante sufijos. Es importante explicar y comprender el valor semántico que añade cada uno de los sufijos.

bueno + -azo/a:	buenazo/a: **aumento en intensidad (muy bueno/a).**
ojos + -azos:	ojazos: **aumento en tamaño.**
mano + -azas:	manazas: **aumento en tamaño, con sentido despectivo.**
barca + -aza:	barcaza: **aumento en tamaño.**
silla + ón:	sillón: **aumento en tamaño (más grande).**
silla + -azo:	sillazo: **golpe dado con una silla.**
ladrón + -azo:	ladronazo: **aumento en intensidad (muy ladrón).**
morena + -aza:	morenaza: **aumento en intensidad (aplicado a mujeres morenas y guapas).**
comedia + -grafo:	comediógrafo: **que escribe comedias.**
boli- + grafo:	bolígrafo: **que escribe sobre una bola.**
tele- + grafo:	telégrafo: **que escribe lejos/desde lejos.**
de- + forme:	deforme: **que no tiene forma (privado de).**
multi- + forme:	multiforme: **que tiene muchas formas.**
uni- + forme:	uniforme: **que tiene una sola forma (es igual).**
campani- + forme:	campaniforme: **que tiene forma de campana.**

Bloque 4º. VARIANTES USUALES DEL LENGUAJE

Expresiones y fórmulas para el debate en España y en Hispanoamérica. Contrástense las diferencias en las estructuras y léxico el utilizado.

TEXTOS

Extracto literario con diálogo. Los términos *moversus* y *deteníos* son vulgarismos por *moverse* y *detenidos;* no deben ser, por tanto, objeto de aprendizaje ni de atención especial.

UNIDAD 15 *Si no hubiera sido por...*

ÁREA TEMÁTICA:	El futuro de las naciones hispanoamericanas.
APRENDERÁS A:	Expresar condicionalidad, concesión; hacer referencia a hechos reales o no experimentados.
	Establecer relaciones temporales entre secuencias oracionales.
	Enunciar hechos o acciones posibles (potenciales).
	Disculparse o expresar disculpa.
	Asentir, expresar acuerdo.
GRAMÁTICA:	Uso del indicativo o subjuntivo (*Si / En caso de que*, etc.).
	Correlación de tiempos verbales en oraciones complejas (*Si existe... es / Si existiera... sería...*).
	Lo siento (mucho); Me sabe mal, pero...; Es una pena...; Me gustaría/encantaría (ayudarte) pero...
	¡Cómo no!; ¡Faltaba/faltaría más!; Con mucho gusto; Por supuesto.
ORTOGRAFÍA Y PRONUNCIACIÓN:	Grafía y pronunciación de **x, ch,** y **ll.**
VARIANTES USUALES DEL LENGUAJE:	Alimentos y comidas: términos propios de España y de Hispanoamérica.
TEXTOS:	Fragmento de *Como agua para chocolate*, de Laura Esquivel.

Bloque 1º. SITÚATE

• •

1. **En grupos:**
   a) ¿Qué sabéis sobre los países de habla hispana?
   Aportad vuestras ideas sobre sus problemas, sus características positivas, sus ventajas o atractivos, etc.
   b) Haced una lista ordenada con todas las ideas del grupo.
   La realización de esta tarea facilitará la contextualización temática de esta unidad. Puede prepararse en casa el día anterior, consultando, en tal caso, una enciclopedia.

2. **Leed y escuchad el texto.**
   Práctica de la comprensión lectora y auditiva. En la explicación del léxico nótese el uso de siglas: UE (*Unión Europea*), AI (*Alianza Iberoamericana*).

3. **En grupos:**
   a) Leed de nuevo el texto anterior y anotad los aspectos positivos de una "Alianza Iberoamericana".
   b) Comunicad vuestras conclusiones al resto de los compañeros/as.
   La actividad implica una comprensión detallada de los puntos señalados. Luego se activa el uso de la información identificada, practicando la expresión oral.

4. **En grupos:**
   Buscad en el texto anterior las siguientes palabras y explicad su significado en español (con sinónimos o frases).
   Ejercicio de ampliación léxica mediante la ayuda del contexto. Adviértase la importancia de aprender nuevas palabras o consolidar su aprendizaje dentro del contexto en que aparecen y no aisladamente.

El recurrente tema del uso del subjuntivo frente al indicativo se expone de nuevo en el recuadro de **Gramática**. El profesor debe explicar brevemente el tema, haciendo referencia al contexto en que aparecen las frases que se dan como ejemplo.

5. **En parejas:**
   a) **Revisad el texto anterior y subrayad las frases en las que se exprese posibilidad o se haga referencia a hechos/acciones no realizadas o no experimentadas.**
   b) **Comparad vuestros resultados con los de vuestros/as compañeros/as y comunicadlos a la clase.**

La explicación dada por el profesor anteriormente se pondrá en práctica ahora por los alumnos buscando frases que se ajusten a lo explicitado en la instrucción. Conviene que luego cada pareja contraste sus resultados con otros compañeros/as para mejor clarificar el tema.

6. **Completa estas frases, relacionadas con el texto del ejercicio 2.**

El ejercicio supone una correcta comprensión del texto señalado. Podría completarse así:

1. La Alianza Iberoamericana **necesita de** un mercado común,
2. **de** una Constitución básica común y
3. **contar** con acuerdos regionales e internacionales que
4. **lleven a** la integración económica, política y cultural.
5. El proyecto **requiere/precisa** esfuerzo, tiempo y buena voluntad.
6. Si **existiese** una Alianza Iberoamericana, la situación **sería** muy diferente.

Bloque 2º. ¡ADELANTE!

• •

1. **Completa las siguientes oraciones con los verbos entre paréntesis en la forma adecuada.**

Práctica con las formas verbales en oraciones subordinadas concesivas:

1. Aunque hay muchas diferencias sociales, Iberoamérica **tiene** un brillante futuro.
2. A pesar de que Argentina tenga buenas relaciones con Brasil, la cooperación entre los dos países **podría** ser mayor.
3. Aunque España y Portugal fueron las naciones colonizadoras, **pueden** contribuir aún al desarrollo de Latinoamérica.
4. Aunque el proyecto exija esfuerzo y tiempo, no **existe** razón para no llevarlo a cabo.
5. Aunque muchos países hablen la misma lengua, no **parece** que se entiendan entre ellos.
6. Puesto que las riquezas naturales son muy importantes, **conviene** controlar su explotación.

Las explicaciones sobre el uso del subjuntivo o indicativo en las oraciones condicionales (**Gramática**) van seguidas de un ejercicio de práctica.

2. **Relaciona los elementos de cada columna.**

   1. Si vienes a verme   - d
   2. Si te escribo a menudo   - f
   3. Si compraras más libros   - b
   4. Si estuvieses de acuerdo   - h
   5. Si Laura se fuera antes a dormir - g
   6. Si el país estuviera mejor organizado - a
   7. Si visitaras Centroamérica   - c
   8. Si se organizara la AI   - e

3. **Completa las siguientes frases.**
   Práctica de la expresión escrita con frases condicionales. Las respuestas admiten variantes:

Ejemplo:
   1. Si tuviera más tiempo libre, *vendría a verte / jugaría más al tenis / estaría más descansado*, etc.

Lo expuesto en el recuadro de **Se dice así** se debe practicar en el ejercicio **4.**, siguiendo los modelos propuestos.

4. En parejas: Dialogad utilizando partículas condicionales, según el modelo.

El ejercicio admite también variantes en la formulación de la pregunta y en la respuesta. Es conveniente que practiquen los alumnos en parejas y oralmente. Las dificultades se explicarán a toda la clase, previa consulta por parte de los alumnos interesados.

5. En grupos: Leed y ordenad adecuadamente los párrafos del siguiente texto, de acuerdo con el significado del conjunto.

La correcta ordenación del texto supone una comprensión adecuada del mismo.El ejercicio puede prepararse antes individualmente o en grupos. El texto ordenado es el siguiente:

La idea de unir los dos océanos, el Atlántico y el Pacífico, ya la tuvo el rey Carlos V, en 1534, poco después de que Colón descubriese América.

Si no hubiera sido por una compañía francesa, no se habría iniciado el proyecto, trescientos años después. Fernando Lesseps, que dirigió la obra, había construido ya el canal de Suez.

Si bien los franceses trabajaron durante varios años, las dificultades económicas y las enfermedades tropicales no les permitieron terminar el canal.

Panamá se separó de Colombia y en 1903 firmó un tratado con los Estados Unidos para construir un canal interoceánico. Si Estados Unidos no hubiese estado interesado, probablemente el canal no existiría. El canal de Panamá se acabó en 1914 y costó 387 millones de dólares.

En la construcción del canal trabajaron 34.000 hombres y muchas máquinas.

Antes de que se construyese este canal, los barcos debían recorrer 16.000 km y pasar por el cabo de Tierra de Fuego, en el sur de Argentina. Después de que este canal se acabase, la distancia entre los dos océanos sería sólo de 80 km.

Cada día pasan por el canal unos 34 barcos. Si no hubiese canal, la travesía duraría varios días. Con el canal la travesía dura solamente nueve horas.

6. En grupos:
a) Revisad el texto anterior después de ordenarlo y subrayad las frases construidas con formas de subjuntivo.
b) Traducidlas a vuestro idioma y comparad el uso de tiempos verbales en ambas lenguas.

Como ya se ha hecho en varias ocasiones, esta actividad de orden gramatical propicia la reflexión personal sobre el uso del subjuntivo en español, especialmente contrastando este uso con el propio de la lengua de quien aprende. De ahí su utilidad como técnica de aprendizaje.

Bloque 3º. EN MARCHA

1. En parejas:
a) Revisad el recuadro de *Se dice así*, de la sección 2.3., y haced frases sustituyendo la partícula *si* por otra equivalente, de entre las siguientes: *en caso de que, siempre que, con tal que, dado que, a menos que.*

El ejercicio admite variantes que implican el uso de diferentes tiempos verbales. El trabajo realizado en parejas se expondrá a toda la clase y se aprovechará para comentar lo realizado y corregir los posibles errores.

b) Cambiad ahora las siguientes frases sustituyendo la partícula si por una de las anteriores

Ejemplo:
1. *En caso de que se construya* un canal, el viaje será más corto.
   En caso de que se construyese un canal, el viaje sería más corto.

En el recuadro **Se dice así** se presentan algunas expresiones para disculparse, asentir o expresar acuerdo.

2. En a) ¿Cómo se dicen en tu idioma las expresiones del recuadro anterior? se pide la correspondencia en la lengua materna, para asegurar así la correcta comprensión de cada expresión. Luego, en **b) Reacciona con una frase del recuadro anterior,** los alumnos, individualmente o en parejas/grupos, deben reaccionar con la expresión adecuada ante cada frase. Un alumno/a leerá la frase y otro alumno/a responderá.

Ejemplo:
1. ¿Me prestas dinero para hacer un viaje a la Argentina?
R. *Me gustaría prestarte dinero, pero ahora no tengo nada.*

Naturalmente, las respuestas dependerán de las circunstancias que cada uno quiera crear en un momento determinado.

3. **En parejas: Relacionad cada palabra con un estado de ánimo:**
Ejercicio de ampliación léxica, que puede hacerse con la participación de toda la clase:

furioso/a	cólera
gozo	alegría
dolido/a	dolor
gracioso/a	humor
malhumorado/a	humor
irritado/a	cólera
nobleza de ánimo	dignidad
lástima	compasión
holgazán/na	pereza
astuto/a	astucia
ocioso/a	pereza

4. **a) Escucha atentamente y anota cuántos días de fiesta celebran en Ecuador durante el año.**
b) Comunica los resultados a la clase.
Actividad de exposición a la lengua oral. Basta, para lograr los objetivos pretendidos, una comprensión global del texto. Se confirmará la comprensión comunicando lo entendido a la clase y contrastando las respuestas.

5. **Ahora escucha, lee y subraya las palabras o frases que no coinciden con lo que oyes.**
Ejercicio para activar la motivación y concentrar la atención sobre sonidos y secuencias determinadas. El texto deberá oírse un mínimo de dos veces para identificar las diferencias.

TEXTO GRABADO:
Calendario de Fiestas (Ecuador)

Enero:	1 - Día de Año Nuevo.
	6 - Día de los Reyes Magos.
Febrero:	- **Fiesta** de las Flores y las Frutas en Ambato.
Febrero/marzo:	- Carnavales (sólo en Quito).
Marzo/abril:	- Semana Santa.
Mayo:	1 - Día del **obrero/trabajador**.
	23 - Batalla de Pichicha.
Junio:	- Jueves (**en** junio): Corpus Cristi.
	- Festivales de la cosecha en **la costa**.
Julio:	27 - Natalicio de Simón Bolívar.
Agosto:	10 - Día de la Independencia.
Septiembre:	- Segunda quincena: Festival del Yamor, en Otavalo (máscaras nativas, trajes típicos, **bailes**).
Octubre:	9 - Independencia de Guayaquil.
	- Feria Internacional.
Noviembre:	1 - Día de los Fieles Difuntos.
	3 - Independencia de Cuenca.
Diciembre:	6 - **Destrucción** de Baeza (espectáculos folclóricos, deportivos, bailes).
	24 - Nochebuena (**juegos** de disfraces).
	25 - Navidad.
	31 - Noche del Año Nuevo (quema de muñecos que representan los acontecimientos más importantes del año que **acaba**).

6. **En grupos:**
    a) **Clasificad las festividades del recuadro anterior:**
        - **de carácter histórico**
        - **de carácter religioso**
        - **de tipo folclórico.**
    b) **Comparad la lista de fiestas de Ecuador con las de vuestro país:**
        - **¿Cuántas fechas y fiestas coinciden?**
        - **¿Cuántas son propias de Ecuador o de vuestro país? ¿Podéis explicar por qué?**
        - **Comentadlo con el resto de la clase.**

La realización de esta actividad exige una correcta identificación de la información que se pide. Luego los grupos deben interaccionar entre sí explicando las diferencias entre estas fiestas y las propias de su país. Finalmente los resultados se resumen con la participación de toda la clase.

7. **Ortografía y pronunciación.**

Ejercicio de pronunciación basado en las grafías *x, ch* y *ll.* Estas dos últimas son distintivas del español.

Bloque 4º. VARIANTES USUALES DEL LENGUAJE

Obsérvense las diferencias en los nombres con que se distinguen algunos alimentos en España e Hispanoamérica.

TEXTOS

Texto literario de Laura Esquivel relacionado con la cocina.

Tenga en cuenta el profesor el carácter de "complementariedad" que debe presidir el trabajo con este texto, si se decide su lectura y análisis en clase.

UNIDAD DE REVISIÓN Y AUTOEVALUACIÓN (13-15)

Solucionario

NOTA: Los ejercicios precedidos de un (*) pueden ser respondidos con frases parcialmente variadas. Lo sugerido aquí es, por tanto, aproximado.

I. Comprensión oral

1. Escucha y señala las frases que oyes.

TEXTO GRABADO:

a) - No creo que los jóvenes sean más activos.

b) - Desde mi punto de vista son demasiado jóvenes para casarse.

c) - Vale la pena hacerlo bien.

d) - Considero que es un grave error.

e) - En mi opinión tendrías que hacerle caso a tu novia.

Solución: a) 3; b) 1; c) 2; d) 3; e) 3.

2. Escucha y señala la frase que mejor resume el texto.

TEXTO GRABADO:

Estados Unidos de América habla en español. En sus equipos de fútbol hay muchos nombres y apellidos hispanos. En algunas de las tiendas de alguna de las ciudades, se puede leer un cartel que dice "Hablamos Inglés", como si aquello no fuera Estados Unidos. Aumentan los hablantes de español y crece el español como lengua.

Los productores de cine hacen películas "made in U.S.A." con acento latino. Al principio andaba por los estudios cinematográficos Andy García. A él se le han unido unos cuantos morenos, incluso Antonio Banderas, el más internacional de los actores españoles. Faltaba una mujer no diosa, una mujer que fuese como cualquier mujer de la calle, una mujer normal. Faltaba Rosie Pérez con su nombre, pequeña y atractiva, especial. Rosie Pérez, quitando la "e" y el color, lo mismo podía haber nacido en Sevilla que en Guayaquil. Pero no, es "yanky", de nombre y apellido.

Solución: b).

3. Escucha de nuevo la grabación anterior y anota V (verdadero) o F (falso).

Solución: a) V; b) F; c) V; d) F.

4. Escucha los siguientes resultados de una encuesta realizada a jóvenes españoles, compáralos con los datos siguientes y corrige los posibles errores.

TEXTO GRABADO:

- El 75% cree en Dios.

- El 62,5% prefiere estudiar a trabajar.

- El 4,5% opina que es mejor no casarse.

- El 86% considera que hacer el servicio militar es una pérdida de tiempo.

- El 35% opina que no debería haber nuevas elecciones.

Solución: Errores en a) El 75% cree en Dios; c) El 4,5% opina que es mejor no casarse; e) El 35% opina que no debería haber nuevas elecciones.

5. Escucha y completa estas frases.

TEXTO GRABADO:

- Si viene a verme, *dile que me he ido de vacaciones.*

- Si estuvieras de acuerdo conmigo, *podríamos crear una pequeña empresa.*

- Si hablaras con él, *entenderías muchos problemas de los jóvenes de hoy.*
- Si fueras más amable, *podríamos salir a cenar con amigos.*
- Si pasaras más tiempo en casa, *sabrías que mamá está en el hospital.*

II. Comprensión escrita

1. Lee la noticia siguiente y anota V (verdadero) o F (falso).

Solución: a) F; b) F; c) V; d) F.

2. Relaciona las frases de cada columna.

Solución: a) 5; b) 2; c) 4; d) 3; e) 1.

3. Lee estos tres horóscopos y señala cuál de los tres es el más positivo.

Solución: b).

4. Completa con *dice* o *dijo.*

Solución: a) Dice; b) Dice; c) Dijo; d) Dice; e) Dijo.

5. Reconstruye el diálogo ordenando estas frases.

Solución:
B: ¿Te apetece ir al cine esta noche?
A: Es una buena idea. ¿Qué vamos a ver?
B: No sé qué están poniendo ahora. ¿Tienes un periódico?
A: Sí. Vamos a ver.
B: Podemos ir a ver "Belle Époque". Me han dicho que está muy bien. Empieza a las diez.
A: Estupendo. ¿Y si nos vamos a cenar antes de entrar al cine?
B: De acuerdo. Prepárate. No deberíamos llegar tarde.
A: Es sólo un minuto. Me cambio de zapatos y me pongo una chaqueta.

III. Expresión oral y escrita

*1. Escucha y responde a las preguntas.

TEXTO GRABADO:
a) - ¿Opinas que hay profesiones exclusivas de la mujer?
b) - ¿Para qué crees que sirven los bosques?
c) - ¿Consideras que somos conscientes de los problemas ecológicos?
d) - ¿Crees que algún día podremos vivir en Marte?
e) - ¿Es probable que alguien pueda llegar a hablar veinte idiomas?

Solución: a) No, opino que la mujer puede realizar los mismos trabajos que los hombres; b) Creo que sirven para que el clima se mantenga en equilibrio; c) Considero que sí, aunque creo que no lo suficiente; d) No creo que eso sea posible; e) No creo que nadie pueda llegar a hablar veinte idiomas.

*2. Escucha y contesta con una expresión de asentimiento o de acuerdo.

TEXTO GRABADO:
- ¿Vienes al cine con nosotros?
- ¿Me invitas a un café?

- *¿Me permite pasar?*
- *¿Me dejas ver el periódico?*
- *¿Nos acompañáis a casa?*

Solución: a) ¡Cómo no!; b) ¡Faltaría más!; c) Por supuesto; d) Por supuesto; e) Con mucho gusto.

*3. Completa estas frases de disculpa.

Solución: a) no tengo tiempo; b) tengo que irme ya; c) tendrás que hacerlo tú solo/a; d) no hay otra solución; e) me están esperando.

*4. Lee el texto siguiente, resúmelo en una frase y ponle un título.

Solución:
Resumen: Muchas traducciones están mal hechas. Por eso a veces los avances tecnológicos parecen difíciles.
Título: Léalo y llore.

*5. Lee de nuevo el texto anterior y contesta a estas preguntas.

Solución: a) Sí. Es muy difícil entender todo lo que se lee. Es preciso volver a leer el texto una y otra vez y es casi imposible poner en marcha un aparato leyendo instrucciones que no entendemos.
b) Opino que quienes traducen manuales de otras lenguas deben ser más cuidadosos con lo que escriben, de manera que quienes lean las instrucciones entiendan lo que leen.

IV. Gramática y léxico

1. Transforma estas frases en negativas.

Solución: a) No creo que sea una persona muy atenta; b) Manuel no cree que estés sentada en su sitio; c) No creen que llevemos razón; d) Mis tíos no creen que tenga veinte años; e) No creo que sepas muy bien lo que quieres.

2. Completa con *qué, quién, cuál, que, quien o cual*.

Solución: a) Qué; b) Quién; c) que; d) quien; e) Cuál/Quién.

3. Completa con la preposición más adecuada.

Solución: a) a; b) contra/con; c) por; d) para; e) sin.

4. Busca una palabra para cada definición.

Solución: a) afeitarse; b) agotar; c) caminar; d) desconocer; e) explicar; f) liberar; g) ocultar; h) perfeccionar; i) recuperar; j) educar.

*5. Escribe un derivado añadiendo un sufijo.

Solución: a) aficionado/a; b) aconsejable; c) agradable; d) amablemente; e) asociación; f) atmosférico/a; g) cafetera; h) lluvioso; i) importancia; j) perezoso/a.